なぜ働いても豊かになれないのか

マルクスと考える資本と労働の経済学

佐々木隆治

はじめに

一昔まえとくらべて企業で働いて普通に生活することが難しい社会になりつつある。名目賃金は上がっているが、物価高のために実質賃金は低下を続けており、生活は日増しに厳しくなってきている。正社員で働きたいのに、やむをえず非正社員で働いている人も多い。しかも、いったん正社員になれたからといって、働き続けることができる保証はない。違法な長時間労働や新入社員にたいする嫌がらせが蔓延し、勤め始めてからわずかな期間で辞めてしまう人も少なくない。賃金だけでは生きていけない、あるいは、ふつうのまっとうな働き方をすることがむずかしい、そんな社会になりつつある。

もちろん、日本の労働条件の悪さは今にはじまったことではない。「過労死 karoshi」という言葉に象徴されるように、もともと日本企業の労働条件は欧米と比べて劣悪であったといえるだろう。しかし、それでも日本では「年功賃金」や「終身雇用」が存在し、それが労働条件の劣悪さをカバーしていると考えられてきた。

ところが、いまや「年功賃金」や「終身雇用」さえもなくなりつつある。以前と同じように、あるいはそれ以上に劣悪な労働条件で働くことを求められるにもかかわらず、企業側が必要ないとみなすやいなや、簡単に解雇されたり、嫌がらせによって退職においこまれたりする。企業の乱暴な使い捨てによって、働いている人々が心身の健康を害する事例も後を絶たない。

しかし、そんな過酷な状況であるにもかかわらず、私たちの多くは働こうとする。あるいは、これから働く予定のものは就職活動をする。むしろ、労働条件が厳しさをますなかで、「働きたい」という願望は以前より強まっているとさえ言える。だが、考えてみれば、不思議ではないだろうか。**なぜ、私たちは過酷な労働を自ら進んでおこなおうとするのか。**

私たちは、ふだん、このような疑問を抱くことはほとんどない。生活のために、会社に雇われ、働くのは当然のことだと考えているからだ。しかし、それは本当に当然のことなのだろうか。

本書は、マルクスの『資本論』の入門書である。しかし、ふつうの入門書とは大きく異なる点が二つある。

第一に、本書は『資本論』のたんなる教科書的な解説ではない。本書では、私たちにとって身近な、**生活のために自発的に雇われて働くという労働のあり方**、すなわち**賃労働**に焦点をあて、『資本論』の内容を説明していくという手法をとっている。

歴史を振り返れば明らかなように、賃労働はけっして人間にとって当たり前の働き方ではない。近代以前には賃労働という働き方はほとんど存在しなかったし、近代において賃労働が人々のあいだに定着するまでには何世紀もの時間がかかっている。というのも、それまでの自給自足を基本にした働き方になれていた人々は、他人に雇われ、他人が命ずるままにたいへんな労働をおこない、しかもそれを自分の意志で進んでおこなうという働き方を容易には受け入れることができなかったからだ。

そうだとすれば、素朴かもしれないが、私たちはもう一度問うてみるべきだろう。**なぜ、私たちは過酷な労働を自ら進んでおこなおうとするのか、これを可能にしているものはなんなのか、**と。

じつは、資本主義という現代の経済システムを解明した書である『資本論』こそが、この問いにたいしてもっとも正確な答えを与えることができる。なぜなら、後でみていくように、賃労働は資本主義と切っても切り離すことができない密接な関係があるからだ。資本主義を解明することなしには賃労働を理解できないし、賃労働を解明することなしには資本主義を理解することはできない。だから、賃労働をテーマとする本書は同時に、『資本論』入門でもありうるのである。

第二に、本書は**基礎からの**『資本論』入門である。

じつは、これまでの『資本論』入門の多くは基礎の部分をていねいに説明していない。なぜなら、マルクスも認めているように、基礎の部分ほど説明がむずかしいからだ。だから、「入門書だから簡単に書こう」と考えると、どうしても基礎の部分の説明がおろそかになってしまう。

だが、『資本論』の基礎部分は、簡単ではないとはいえ、けっしてわけのわからないことを言っているのではない。きちんと考えれば誰でもわかることである。また、それは文字どおり基礎をなすものであるから、内容的に非常に重要な意味を持っており、これを正確に理解することなしには『資本論』全体の内容を適切に理解することはできない。

だから、本書では、一部簡略化したところはあるが、できるだけ正確に、そしてていねいに基礎の部分を説明することにした。そのため、本書の前半部分は少しむずかしく感じられるかもしれないが、じっくりと読んでいただければ、かならず言わんとすることは伝わるはずである。

なお、注については、補足的な事項について述べたもののほかに、入門書としての内容を超える高度な事柄について述べたものもある。だから、むずかしく感じた場合には、最初は飛ばして読んでいただいてかまわない。

また、各章の終わりにはコラムを置き、その章のテーマにかかわる派生的な事柄や現代的な問題について解説した。巻末には、本文に繰り返し登場する重要なキーワードを掲載したので活用していただきたい（ただしこれは、用語を確認し、記憶を呼び起こすためのものなので、詳細については本文を参照していただきたい）。

マルクスからの引用にかんしては、『資本論』については新日本出版社の上製版、『資本論』関連の草稿については大月書店の『資本論草稿集』および『直接的生産過程の諸結果』の頁数を付した。

本書が、現代の労働問題を考えるための理論的基礎として、また、『資本論』に入門するための一助としてお役に立てば幸いである。

目次

はじめに　3

序章　マルクスの方法……15
「なぜ、いかにして」を問うのがマルクスの唯物論的方法である　17
『資本論』は経済学批判の書である　24
叙述の方法　28
「関わり」の理論　32
［コラム］マルクスと哲学　35

第1章　労働するとはどういうことか……37
人間は自然との物質代謝によって生きている　41
労働とは人間と自然との物質代謝の意識的媒介である　42
労働は自由な行為であり、普遍的性格を持つ　46
人間は労働をつうじて生産関係を取り結ぶ　49

［コラム］肉体労働と精神労働　54

第2章　私的労働と商品……55

商品についての一般的なイメージ　58
私的労働が商品を生み出す　61
物象化と物神崇拝　67
価値の実体は抽象的人間的労働である　72
商品の価値量は社会的必要労働時間によって規定される　76
［コラム］脱商品化と生活の安定　83

第3章　値札と貨幣……85

値札の謎　88
値札の謎を解く　92
価格は一般的な価値表現である　95
なぜ一般的等価物は金に固定化するのか　98
貨幣は新たな欲望を生み出す　100
物象化は物象の人格化を生み出す　104

［コラム］貨幣崇拝と文学　108

第4章　賃労働と資本　109

賃労働が売るのは労働ではなく、労働力である　112
資本とは自己増殖する価値である　116
労働力の価値は労働力の再生産費に対応する　119
労働力は自分の価値以上の価値を生産する　122
賃労働者とは生産手段にたいして
　それを資本とするようにして関わることである　126
資本主義的生産過程においては生産手段が労働者を支配する　133
賃労働は疎外された労働である　136
［コラム］日本企業の強力な指揮命令権　139

第5章　労働時間と自由時間　141

資本は可能なかぎり労働時間を長くしようとする　143
「大洪水よ、我が亡き後に来たれ！」　146
賃労働者たちの抵抗が標準労働日を作り出す　150

労働時間の制限はあらゆる社会改良のための前提条件である　151
［コラム］　賃労働と性差別　155

第6章　賃労働と生産力の発展……157

資本は生産力を上げることによって相対的剰余価値を獲得する　159
個々の資本家は特別剰余価値の獲得を追求する　162
協業　165
マニファクチュアにおける分業　168
大工業における機械　171
資本は生産力の上昇のための生産方法の変革をつうじて労働者を従属させる　174
テクノロジーによる生産は技術教育・職業教育を生み出す　176
資本による生産力上昇は物質代謝を攪乱し、生産力の発展を妨げる　178
［コラム］　技術進歩と労働時間　182

第7章　賃労働と所有……183

近代的所有は物象の力に依存することによってのみ成立する　185

近代的所有権は他人労働を取得する権利になる　188
近代的所有権は他人労働によって
他人労働を取得する権利に転化する　191
物象化された社会においては本源的所有は不可能である　194
資本主義社会では物象の力が剰余労働を
自発的におこなうように強制する　198
相対的過剰人口は資本の賃労働にたいする支配を強化する　202
［コラム］非正規雇用と相対的過剰人口　208

第8章　労働の自由を目指して

第8章　労働の自由を目指して……209
なにが私たちを賃労働に駆り立てるのか　211
物象の力を弱め、廃絶するには
私たちじしんの振る舞いの仕方を変えなければならない　215
労働時間を短縮する　219
生産の私的性格を弱める　221
労働者の生産手段にたいする従属的な関わりを変える　223
労働の自由をこえて　226

［コラム］改良闘争の限界と反資本主義的想像力　230
キーワード　232
あとがき――『資本論』をより深く学ぶために　240
新版によせて――賃金奴隷制を克服するために　244

図版作成／小林美和子

序章　マルクスの方法

哲学者たちはただ世界をさまざまに解釈してきただけである。
肝心なのはそれを変革することである。

（「フォイエルバッハテーゼ」）

まずはじめに、マルクスの方法論について少しだけ説明しておきたい。「方法論」と聞くと、なにか抽象的で難解に感じられるかもしれない。たしかに以下で述べる話は少し抽象的だ。また、方法というのはその対象によって変わるものだから、具体的な話をせずに方法についてだけ説明することには自ずと限界がある。

しかし、他方で、方法について理解しておくことで、見通しがよくなり、いらぬ誤解を避けることができるというメリットがある。そのため、多少難解に感じられるかもしれないが、内容の展開に先立ってマルクスの方法論を扱うことにしよう。[1]

「なぜ、いかにして」を問うのがマルクスの唯物論的方法である

マルクスは経済学者であるだけでなく、哲学者としても有名である。たとえば、高校の倫理の教科書などをみれば、マルクスは、それ以前の唯物論と弁証法の欠陥を克

1　もちろん、一言でマルクスの方法といっても非常に多岐にわたり、これらすべてについて解説することはできない。本章では、本書の叙述を理解するための助けとなるかぎりでのみ、方法の問題を扱うことにする。

服し、独自の「弁証法的唯物論」を創出した哲学者であると書いてある。

しかし、マルクス自身は自分のことを哲学者だとは考えていなかっただろう。もちろん、若いころ、マルクスはヘーゲルの本を熱心に読んだし、ヘーゲルから影響を受け、宗教批判を展開した「青年ヘーゲル派」の論客とさかんに議論した。若いころに書いた「ヘーゲル法哲学批判」(一八四三年)や『聖家族』(一八四四年)は、ある意味では、哲学書だといえるかもしれない。しかし、マルクスは、一八四五年以降、哲学にたいして明確に批判的な姿勢をとるようになった。そしてそれ以降は、マルクスは哲学的な著作を書くこともなかったし、哲学書を読むことじたいが稀であった。

では、なぜ今日、マルクスは哲学者だと考えられているのだろうか。それにはさまざまな理由があるが、一番大きいのは、ソ連で作られたマルクス像だ。

言うまでもなく、ソ連はいわゆる「社会主義国家」であり、マルクス主義は国家公認のイデオロギーであった。だから、ソ連の指導官や官僚たちは、マルクスが実際にどのような思想を持っていたかではなく、自分たちを正当化するために、いかにしてマルクスを利用できるかに関心を持っていた。そしてそのためには、マルクスを森羅万象について知り尽くした万能の「哲学者」に仕立て上げ、「教祖」に祭り上げるほうが都合がよかったのである。

なるほど、マルクスは間違いなく天才であり、驚くべき知的能力と集中力、根気強さを持っていた。それは、主著である『資本論』はもちろんのこと、残されている彼の膨大な勉強ノートやさまざまな草稿から見て取ることができる。しかし、マルクスとて一人の人間であった。マルクスは、自分が関与した共産主義運動の内紛や経済的困難、そして病気に悩まされ、苦しみながら必死になって『資本論』第一巻を書き上げたのであり、彼の研究プランの大部分は未完のまま終わっている。マルクスが残した著作や草稿はたしかに現在でも非常に大きな意味を持っているが、それだけによって世界のすべての事柄を理解することができるような万能の理論ではけっしてない。

もちろん、ソ連の教条的なマルクス主義にたいする批判はこれまでさまざまになされてきた。マルクスを「教祖」のように考える者はいまではほとんどいないだろう。だが、マルクスは哲学者であるという通念が完全に定着してしまっていたので、マルクスが哲学じたいを批判していたことに注目する議論は少なかった。そうしたなかで、マルクスの哲学批判の意義も忘れられてしまったのである。

だが、マルクスの哲学批判がどのような意義を持っていたかということは、マルクスの思想を理解するうえできわめて重要である。それは、マルクスの理論活動の根幹に関わることだからだ。

マルクスの一貫した問題意識は世界の変革であった。マルクスは、人々が貧困に苦しみ、自分の力を自由に発揮する可能性を奪われている、そのような社会を変革することを最大の目標にしていた。それは、マルクスが「青年ヘーゲル派」の一員として理論活動を開始した最初期、そして経済学研究に精力を注いだ後期にも一貫した態度であった。たとえば、マルクスは主著である『資本論』第一巻を書き上げた後、次のような手紙を書き送っている。

仕事のできる瞬間はすべて私の著作『資本論』第一巻—以下、［ ］で括られた部分はすべて著者による補足である」を完成するために利用しなければなりませんでした。この著作のために私は健康もこの世の幸福も家族も犠牲にしてきたのです。……もし人が牛のようなものでありたいと思えば、もちろん人類の苦しみなどには背を向けて自分のことだけ心配していることもできるでしょう。しかし私は、もし私の本を、少なくとも原稿のかたちででも、完全に仕上げないで倒れるようなら、ほんとうに自分を**非実践的**だとかんがえたでしょう。

（一八六七年四月三〇日、ジークフリート・マイアー宛の手紙）

端的に言えば、マルクスの理論活動は変革実践のためにあった。マルクスが哲学に満足することができなかった理由もそこにある。

マルクスは、哲学というものは、結局のところ、世界をさまざまに解釈するものにすぎず、世界の変革に資するものではないと考えた。もちろん、哲学が実践となんの関わりも持たなかったというのではない。「青年ヘーゲル派」の最大の関心事は宗教批判であったが、当時のドイツにおいて宗教を批判することはきわめて政治的な行為であった。しかし、マルクスにとってそれは真の変革実践に結びつくような理論的批判ではなかった。それは、どれほど大言壮語しようとも、結局は、世界をこれまでとは異なるように解釈することによって、人々の意識を「啓蒙《けいもう》」しようとしたにすぎなかったからだ。

たとえば、「青年ヘーゲル派」の代表者の一人であるフォイエルバッハは、宗教は人間たちじしんが作り上げたものであり、この宗教に人間が支配されているのはおかしいと主張した。しかし、フォイエルバッハはこのような宗教批判によって人々が覚醒するのを期待するだけであった。彼は人々が宗教についての意識さえ変えることができれば問題が解決されると考えており、現実の社会関係のほうにはほとんど興味を持たなかった。マルクスは、これにたいして、そのような主張は水の中で溺れかかっている人に「重力という思想を捨てろ、そうすれば問題は解決する」と言っているようなものではないか、と批判した。

マルクスはこのような「啓蒙」によってはけっして世界を変革することはできないと考えた。というのも、それじたいの力によって人々を支配し、従属させているようにみえる宗教などのイデオロギーは、じっさいには現実的諸関係に支えられることによって、はじめて現実的な力を持つことができるからだ。つまり、イデオロギーの支配力は現実的諸関係から生まれてきたものであり、この現実的諸関係を変革することなしにはなくすことはできない。そうであれば、「啓蒙」はけっして解決にはなりえないだろう。マルクスはこう考えたのである。

たとえば、宗教にしても、それを多くの人が信仰しているのはただ宗教という固定観念にとらわれているだけでなく、宗教を信仰せざるをえない現実の社会関係があるからだ。そうであるなら、人々が宗教を必要とせざるをえないようなこの現実の社会関係を変革しないかぎり、宗教の支配がなくなることはない。マルクスが「宗教はアヘンである」と言ったのは、アヘンを必要とするような社会が存在し続けるかぎり、宗教はなくなることはないということを言いたかったからである。

哲学は、イデオロギーが現実的諸関係から自立的に力を持っていると考え、このイデオロギーそのものを世界の異なる解釈によって批判し、人々を啓蒙することによって世界を変えようとした。しかし、マルクスによれば、この闘い方は誤っている。問題はむしろ、イデオロギーを生み出さずにはいない現実的諸関係を批判的に分析し、現実的諸関係そのもののなかに変革の契機を見出すことである。マルクスが自分の立場を「実践的唯物論者」と言い表したのは、まさに変革のための根拠を理念にではなく、現実の実践的諸関係のうちに見出そうとしたからなのである。

したがって、マルクスがやろうとしたことは、たんに現実の世界の矛盾を指摘し、これに社会主義という「正しい理念」を対置するということではない。マルクスはこうした種類の社会主義思想を「大言壮語型社会主義」と呼んで嫌っていた。マルクスの理論活動の目的はあくまで現実的諸関係のうちに変革の契機を見出すことにあり、そのために必要とされたのは、むしろ現実の世界が「なぜ、いかにして」このようにあるのかを問うことであった。マルクスは現実の世界が「なに」であるのかということよりも、「なぜ、いかにして」そのように世界が存在しているのかということこそが本当に重要な問題だと考え、これを徹底的に考え抜いた思想家だったのである。

たとえば、マルクスは宗教などのイデオロギーが「なに」であるかを分析し、それが人間の生み出した幻想であることを暴露するだけでは満足しなかった。むしろマルクスは、「**なぜ、いかにして**」そのようなイデオロギーが成立しているのかを現実の人間たちの実践的諸関係から考えようとしたのである。マルクスは、このような理論的方法を**唯物論的方法**と呼んでいる。

マルクスは、このような唯物論的方法によってこそ、現存の世界を批判することができると考えた。それは哲学批判の領域においてだけではない。マルクスは、近代社会を規定している資本主義的生産様式を対象とする学問、すなわち経済学の領域においてもこの批判を遂行した。それこそが、経済学批判にほかならない。

『資本論』は経済学批判の書である

マルクスの主著である『資本論』（一八六七年）は「経済学批判」というサブタイトルを持っている。『資本論』は資本の運動法則を明らかにすることを目的とするものであったが、それは同時に既存の経済学にたいする批判でなければならなかった。なぜなら、資本の運動を分析して変革の可能性と条件を示すためには、既存の経済学が自明のものと考えて疑わなかった経済学的カテゴリー（たとえば「価値」や「資本」など、これらの意味については第2章以降で説明していく）を歴史的形成物としてとらえる必要があったからだ。端的に言えば、**資本主義というシステムじたいが歴史的形成物にすぎない**ということである。

たとえば、アダム・スミスは市場というメカニズムがどうして成り立ちうるのかを需要供給の関係から説明し、経済学の礎を築いた。いわゆる「神の見えざる手」である。しかしスミスは、市場は人間の本性から必然的に生まれてくるものであり、それこそが本来の自然な経済システムだと考えた。封建的な支配やギルドなどによる伝統的束縛があるところではたしかに市場は機能しないが、いったんそのような束縛がなくなり、人間が自由に行動できるようになるやいなや、人間たちはその本性にしたがって商品交換をおこなうのであり、そこでは必ず市場が成立する、というわけである。このような考え方は、いまでも非常に根強いといえるだろう。

しかし、マルクスはこのような考え方に痛烈な批判を加えた。市場というのは、けっして人間の本性にもとづいたものなどではなく、ある一定の歴史的な条件のもとで成立するものであるにすぎない。したがって、市場が社会の全体を覆いつくしている資本主義という経済システムもまた歴史的形成物にすぎない。だとすれば、いずれそれとは異なる経済システムへと移行するだろう。マルクスはこのように考えたのである。

だが、マルクスが資本主義を歴史的形成物としてとらえた意味はそれだけではない。資本主義やそれを成立させている要素である商品や貨幣などを自明なものとして考えるのではなく、なぜそのようなものが成立しえているのかを思考することを可能にするというところに大きな意味がある。

商品や貨幣、資本などといった経済学的カテゴリーは人間の本性から自然に生まれてきたものではなく、ある特定の条件のもとでの特殊な関係から生まれてきたものにほかならない。そうだとすれば、それを理解するには、ふつうの経済学のようにそれが「なに」であるかを問うだけでなく、「なぜ、いかにして」それが成立しているのかを考えなければならない。これを明らかにすることによって、どんな条件のもとでのどんな関係によって資本主義が成立するのかが明らかになり、同時に資本主義を変革する条件も明らかになる。というのも、それによって資本主義を成り立たせている特殊な関係をどのような関係に変化させていけばよいかがわかるからである。

マルクスが経済学を批判したのは、このような問題意識からである。そのさい、マルクスは既存の経済学を「俗流経済学」、社会主義的な経済学、「古典派経済学」の三つに大別した。それぞれについての批判を簡単にみておこう。

まず、俗流経済学は、人々の眼前に現れている表面的な経済現象とその数量的な因果関係だけを対象とし、その奥にある関係についての分析に乏しいものであり、マルクスはこれをもっとも厳しく批判した。

社会主義的な経済学は、資本主義が生み出している搾取や貧困、経済的な不安定などといった矛盾を指摘したが、それを理念的に批判するにとどまった。たとえば、アナーキストの始祖として有名なプルードンは、商品生産者としての「自由」や「平等」という理念を根拠にして資本主義を批判した。また、古典派経済学のリカードの経済学説に影響を受けたイギリスの社会主義者たちは、リカードの労働価値説にもとづいて搾取を指弾し、搾取された部分を労働者が取得すべきであるという労働全収益権を主張した。マルクスはこれらの理論の批判的意義を若いころはたいへん重視していたが、本格的に経済学批判にとりくむようになってからは、おおむね厳しい評価を下している。これらは資本主義を理念的に批判したり、資本にたいする物神崇拝を幻想だとしてしりぞけはするが、「なぜ、いかにして」資本主義が成立するのかを明らかにはしないからである。

最後に、アダム・スミスやリカードらによって代表される古典派経済学にたいしては、マルクスは非常に高い評価を与えている。というのも、古典派経済学は俗流経済学が見ようともしない、現象の深部にある内的な関係、端的には労働をめぐる諸関係を解明しようと試みたからである。しかし、古典派経済学にもやはり、「なぜ、いかにして」という視点がなかった。マルクスは『資本論』のなかでこう書いている。

ところで、たしかに経済学は、不完全ではあるけれども、価値と価値の大きさを分析し、この形態のうちに隠された内容を発見した。しかし、経済学は、なぜこの内容があの形態をとるのか、つまり、なぜ労働が価値に、その時間の長さによる労働の計量が労働生産物の価値の大きさに表されるのか？という問題を提起したことさえなかった。（第一巻、一三五〜一三六頁）

スミスやリカードは商品価値がそれを生産するための労働量によって決まることを明らかにした。これがいわゆる「労働価値説」である。しかし、それだけでは価値について理解したことにはならない。価値を理解するためには、なぜ、いかにして労働が価値という形態をとって表されるのか、を問わなければならない。言い換えれば、そもそも労働生産物が商品として売買され、その交換比率が労働量によって決まるというような関係が、なぜ、いかにして成立するのかを問わなければならない、とマルクスは言うのである。

マルクス以前にはこの問いを明確に立てた者はいなかった。いまでも、多くの場合、この問いの意義は十分に理解されていない。しかし、この点こそがマルクスの経済学批判を理解するためのもっとも重要なカギとなる。というのも、このような問いの立て方によって、**価値や資本などの経済学的カテゴリーを自明視するのではなく、それを特殊な条件下で生まれた歴史的形成物として把握する道が開かれるからである。**古典派経済学は、この問いを立てることができなかったために、価値が歴史的形成物であることを把握できなかった。

叙述の方法

だが、古典派経済学が陥った誤りはそれだけではなかった。眼前に見えている資本主義の現象形態である利潤、利子、地代などを、いきなりその深部にある労働と結びつけて考えようとしたためにさまざまな理論的矛盾に陥ることになった。

スミスはこの矛盾を内に含んだまま理論を展開したし、リカードはこの矛盾を「解消」するために労働価値説に矛盾する現象形態を切り捨ててしまった。スミス、リカードの後の経済学者たちもこの矛盾を解決することができず、結局は「労働価値説」を放棄し、ただ現象形態としての諸カテゴリーの量的な相互連関を考察するだけの俗流経済学の立場をとるようになった。この流れが後に現在の「新古典派経済学」へとつながっていく。

　マルクスの唯物論的方法は、この点でも力を発揮した。マルクスは利潤、利子、地代などといった経済学的カテゴリーを分析するさいに、いきなりそれらが「なに」であるのかを考えるのではなく、それらが「なぜ、いかにして」成立しているのかを考えた。だから、マルクスは利潤、利子、地代などといった、その説明に多くの前提を必要とする経済学的カテゴリーから出発するのではなく、むしろ**それらの根拠となるようなもっとも基礎的な経済学的カテゴリー（商品）から出発し、順々に叙述を展開し、最後に現象形態である利潤、利子、地代などに行き着いた**のである。マルクスは、こうしたやり方によって資本主義の内的連関と現象形態の関係をつかむことに成功した。

　ただし、マルクスの叙述のこうした特徴のために、とくに注意しておかなければならないことが二つある。これは、マルクスの『資本論』第一巻の内容にもとづいている本書を読むさいにも重要である。

第一に、『資本論』や本書で登場する商品や貨幣、利子などはいずれも資本主義における商品、貨幣、利子だということである。

なぜ、このようなことを言う必要があるかといえば、商品や貨幣、利子などといったものは資本主義という独自の経済システムが成立する遙か昔から存在するからだ。たとえば、すでに古代ギリシアにおいても貨幣を媒介とした商品流通が存在した。だが、だからといってそこに資本主義が存在したわけではない。つまり、商品流通が社会の大部分を覆いつくしていたわけではない。だから、そこでの商品は、まだそれが持っている性質を全面的に発揮してはいなかった。

『資本論』や本書で扱われる商品はこのような資本主義以前に存在した商品ではなく、あくまで資本主義内部の商品である。この両者を混同しないことが一つ目のポイントである。

第二に、こうした説明の方法では、いっけん、現実世界と矛盾するような想定が必要になるということである。

たとえば、『資本論』第一巻の冒頭の商品の説明を読んでおそらく誰でも疑問に思うのが、なぜ商品がすべて労働生産物なのかということである。現実には、土地や株など労働生産物ではない商品はいくらでも存在する。これはおかしいのではないかと誰でも思うだろう。だが、それには理由がある。というのも、労働生産物がなぜ商品という形態をとるのかということを明らかにし、これを基礎に分析を進めていくことによってはじめて、労働生産物でないものがどうして商品となるのかを明らかにすることができるからである。

別の例を挙げれば、人間が労働するためには当然のことながら道具や原料、すなわち生産手段が必要であり、これは生産者によって所有されている必要がある。ところが、マルクスは商品を論じたところでは、いっさい生産手段を論じていないし、所有という言葉も一度も出てこない。そこでは、これらはあえて捨象されているのである。というのも、商品という経済学的カテゴリーを明らかにするという目的にとっては生産手段や所有について考える必要はなく、しかも資本主義において生産手段や所有がとる特殊な形態について理解するためには商品について理解しておくことが必要になるからである。

このようにマルクスの叙述の仕方では、それぞれの説明の局面ではつねに現実世界とは矛盾する想定がなされているが、それぞれの局面で明らかになった事柄を基礎にして、より発展的な事柄を次々と明らかにしていくことにより、はじめに矛盾すると思われた事柄が解決されていく。だから、読んでいて「おかしいな」と思う箇所が出てきても、さしあたりはガマンしなくてはならない。**マルクスの叙述はつねに読者にたいして借りをつくり、また返しながら、進んでいく**のである。

「関わり」の理論

マルクスの経済学批判は以上のような特質を持っているが、それを理解するさいにとりわけ重要なのは、「関わり」の理論である。というのも、人間が他の人間や自然にたいしてどのような様態で関わっているかを考察することによって、歴史的に特殊な関係が「なぜ、いかにして」成立するのかが理解できるからである。「関わり」という言い方をすると、きわめて難解に感じられるかもしれないが、けっしてむずかしい話ではない。

たとえば、王と臣下の関係を考えてみよう。Aが王であり、Bが臣下だとする。このとき、Aが王としてBにたいして命令を下すことができるのは、BがAにたいしてAを王だと認めて従うかぎりでしかない。つまり、Aが王であるのは、BがAを王だと認めなければ、Aが王であり、Bが臣下であるという関係は成り立たなくなってしまう。このように、BのAにたいする特定の様態での関わり方が、Aに特定の性質を与え、AとBとのあいだに特定の関係を作り上げているのである。

もっと身近な例を挙げよう。Aという人がBという人の恋人として振る舞うことができるのは、BがAを恋人だと認めるかぎりにおいてである。かたい言い方をすれば、

BがAにたいしてAを自分の恋人とするようにして関わるからこそ、AはBにたいしてBの恋人として振る舞うことができる。同様に、BがAの恋人でありうるのは、Aの関わりによってでしかない。一方だけの関わりであれば「片思い」関係が成立するにすぎないが、双方が他方を恋人とするように関わるのなら、交際関係が成立する。

このように関係というのは、漠然と存在しているのではなく、一方が他方にたいしてなにかの性質を与えるようにして関わることによって成立している。この「関わり」の理論は、マルクスの経済学批判を理解するうえでたいへん重要なので、ぜひ押さえておいて欲しい。

少し先回りすることになるが、マルクスが問題にした資本主義的生産関係においては、この関わりは非常に特異なかたちをとっている。第一に、人間たちが直接に関わり合うのではなく、物を媒介として関わり合うので、むしろ、この関係の内部では物のほうが社会的な力を持つ。この社会的力を持った物を物象という。たとえば、私たちは貨幣や商品という物象をつうじて互いに関係を取り結んでいる。第二に、そのように物象に依存して互いに関係を取り結ぶことを人間たちは必ずしも自覚的にではなく、むしろ社会的諸条件に強制されて無意識のうちにおこなっている。これらのことについては、第2章以降で詳しく説明することになるだろう。

マルクスの理論が関係や構造の理論であることは、これまで廣松渉《ひろまつわたる》やアルチュセールなどといった哲学者たちによって主張されてきた。しかし、マルクスはただ関係と主体との相互関係を一般的に考察したのではない。マルクスにとって重要だったのは、人間の行為一般の性格が「なんであるか」を解釈によって明らかにすることではなかったからだ。

マルクスはむしろその関係の特異性が「なぜ、いかにして」生まれてくるのかを考察した。そして、そのさいには、人間の行為と関係との相互関係が一般的にどうなっているのかを問うのではなく、この特殊な関係が特殊である所以がどこにあるのかを問うことが必要となる。マルクスは、これを明らかにするために、「関わり」がいかなる様態でなされているのかを考えたのである。なぜならば、人間がある特定の様態において自然や人間に関わるからこそ、その関わりによって形成される関係がある特異な性格を持つのだからである。ある特殊な様態での関わりがある特殊な関係を作り出すこと、これがマルクスが問題にしたことであった。

[コラム] マルクスと哲学

序章でみてきたように、ある時期以降、マルクスは一貫して哲学に批判的であった。だが、マルクスは哲学をたんに否定したのではない。むしろ、その批判のうえに、哲学を経済学批判に積極的に活かそうとした。

マルクスは『資本論』第一巻第二版の序文で次のように書いている。

「ヘーゲル弁証法が［事物を］神秘化する側面を、私は三〇年ほど前に、まだそれが流行していた時代に批判した。ところが、わたしが『資本論』第一巻を仕上げようとしていたちょうどそのときに、いま教養あるドイツで牛耳をとっている不愉快で不遜で凡庸な亜流どもが……「死んだ犬」としてヘーゲルを取り扱って得意になっていた。それゆえ私は、自分があの偉大な思想家の弟子であることを公然と認め、また価値理論にかんする章のあちこちで、彼に固有な表現様式に媚を呈しさえした。弁証法がヘーゲルの手のなかでこうむっている神秘化は、彼が弁証法の一般的な運動諸形態をはじめて包括的で意識的な仕方で叙述したということを、決してさまたげるものではない。……この弁証法は、現存するものの肯定的理解のうちに、同時にまた、その否定、その必然的没落の理解を含み、どの生成した形態をも運動の流れのなかで……とらえ、……その本質上批判的であり革命的である」。

弁証法の正確な説明は難しいが、たとえば序章で説明した「関わり」の理論にはマルクスが弁証法をいかに活用したかが示されていると言えよう。

第1章　労働するとはどういうことか

人間は、彼の生産において、自然そのものと同じようにふるまうこと、すなわち、素材の形態を変えることができるだけである。

（『資本論』第一部第一章商品）

そもそも、労働するとはどういうことだろうか。本章で考えたいのは、この問いである。

とはいえ、このような問いは奇妙に響くかもしれない。というのも、労働するという行為はあまりに自明なものにみえるからだ。私たちの多くは、生きていくために日々働いている。どのような職業であれ、社会的に必要とされているモノやサービスを生み出し、提供していることには違いない。私たちが日々おこなっているこの営みこそが労働であり、それ以外のなにものでもない。このように考える人もいるかもしれない。

しかし、「はじめに」でも述べたように、私たちが日々おこなっている「労働」は賃労働という特別な形態での労働である。当然のことであるが、まだ貨幣がなかった時代には賃金をもらって働くことなど不可能であったし、奴隷主や封建領主のもとで働いていた奴隷や農奴は賃労働をしていなかった。賃労働は、生活必需品の大部分が商品となることによってはじめて一般的に可能になる、特殊な労働の仕方なのである。ところが、私たちが労働について考える場合、ほとんど無意識的にこの賃労働という特殊な形態での労働をイメージしてしまっている。

これにたいし、これから考えていくのは、このような特殊な形態の労働ではなく、あらゆる特殊な労働に共通する労働の諸特徴、すなわち労働一般についてである。

もちろん、労働一般などというものは基本的には存在しない。というのも、無人島に漂着するなどの特殊な環境におかれていないかぎり、人間はかならずなんらかの他者との関わりのなかで生きているからだ。他者との関係のなかで労働するかぎり、その労働はかならずなんらかの社会的形態を持つ。たとえば、後でみるように、人類がまだ文明を形成する以前の労働でさえも、その労働が部族などの共同体の一員としておこなわれるかぎりで、共同労働という形態を持っている。

では、なぜ基本的には存在することがない労働一般などという抽象物について考える必要があるのだろうか。それは、賃労働がいかなる意味で歴史的に特殊な労働であるのかを明確にするためである。

私たちがふだん労働だと考えているものは、じつは、労働そのものの特徴ではなく、賃労働という特殊な労働の特徴にすぎないかもしれない。あるいは逆に、私たちが賃労働の特徴だと考えているものは、どんな労働にも共通する特徴にすぎないかもしれない。資本主義社会にしか生きたことのない私たちにとっては、このような労働一般と賃労働の混同はほとんど必然的におきてしまう。だが、このような混同をしているかぎり、賃労働の特殊性を理解することはできない。

このような混同をさけるには、賃労働について考察するまえに、労働一般の性格を明らかにしておくことが有効である。というのも、あらゆる労働に共通な労働の一般的特徴を分離しておくことによって、歴史的に特殊な賃労働の特異性がつかみやすくなり、賃労働という特殊な形態がいかに労働のあり方を変質させているかを理解できるようになるからである。

このような理由から、はじめに、労働一般の性格について考えていくことにしよう。

人間は自然との物質代謝によって生きている

マルクスが労働について考えるさいの大前提は、人間が自然の一部であるということである。人間は有機体の一種であり、ほかのあらゆる有機体と同じように、たえず自然とやりとりすることによってしか生きることができない。

たとえば、人間は呼吸し、酸素を取り入れ、二酸化炭素を排出する。また、食物や水を摂取し、尿や便として排泄する。他方、自然の側も、排出された二酸化炭素を植物の光合成をつうじて酸素に変換する。また、尿や便は土壌を肥沃にし、植物の育成を促すだろう。なによりもまず、人間は、このような自然とのやりとりなしには、生きていくことができない。

マルクスは、このような人間と自然とのやりとりのことを、**人間と自然との物質代謝**と呼んだ。人間は、ほかのあらゆる生命体と同じように自然の一部であり、なによりもまず、この物質代謝をつうじて自らの生命を維持している。

だが、人間が必要とする自然とのやりとりはそれだけではない。体温を保持し身体を防護するために衣服を作ったり、食べるために食料を栽培したり、安全な生活領域を確保するために住居を作ったりする。このような活動のさいには、人間たちはただ自然を摂取するだけでなく、自然にたいして働きかけ、それを変形し、利用している。つまり、自然との物質代謝を円滑におこなうために、自分の行為によって、自然を変容させている。だから、このような活動は、人間が自然との物質代謝を規制し、制御するという意味で、**人間と自然との物質代謝の媒介**だということができる。

だが、この場合もやはり、その複雑さや多様性によって区別されるとはいえ、ほかの生命体の活動と共通の性格を持っている。たとえば、ビーバーが枝や泥でダムを作るという行為も、ビーバーと自然との物質代謝の媒介であることには違いない。人間も動物も、自らの行為によって自然との物質代謝のあり方を制御し、それを正常に保つことによって自らの生命を維持しているのである。

労働とは人間と自然との物質代謝の意識的媒介である

しかし、人間による物質代謝の媒介とほかの生物によるそれとには決定的な違いがある。というのも、人間による物質代謝の媒介は、意識的におこなわれるからである。

ない。

これにたいして、ほかの生物による物質代謝の媒介は、本能的におこなわれるにすぎない。たとえば、鳥は、人間が家を建てるのと同じように、巣を作り、自然との物質代謝を媒介している。だが、この活動はあくまで本能にもとづくものでしかない。つまり、鳥は巣を作ろうという意志を持って自覚的にこの活動を遂行したのではない。鳥は、生まれながらに持っている本能にしたがって巣を作ったのである。

しかし、人間はそうではない。たとえば、人間が家を建てる場合、彼は家を建てるという意志を持ち、自覚的にこの過程を遂行しなければならない。[2] 人間は、家を実際

2　もちろん、人間以外の生物も単純なイメージをいだく能力や一定の学習能力を持っていることは否定できない。その意味では、たとえばチンパンジーが道具を使って食物を手に入れるという行為は「意識的行為」と言えないこともないだろう。しかし、ハリー・ブレイヴァマンが指摘するように、人間とほかの生物とのあいだの意識性の量的相違は非常に大きく、この量的な違いが人間とほかの生物との質的な違いをもたらしている。もっとも決定的なのは、言語の使用であり、これによって物質代謝の媒介における意識性の程度をいちじるしく高め、しかもそれを世代をこえて継承することが可能になった。これから述べていく人間とそのほかの生物との区別は、このように相対的ではあるが、しかし質的に決定的に異なる区別として了解されたい。

に建てはじめるまえに、家についてのイメージをいだき、このイメージを意識的に実現しようとする。しかも、最初に意識性を発揮するだけではなく、目的を達成するまでのあいだ意識性を働かせることが必要となる。そのような意識的行為の結果として、はじめて現実に家が建つのである。つまり、人間が労働するさいには、まず構想を持ち、それからこの構想にもとづいて行為し、これを実現する。だから、人間による自然の物質代謝の媒介はすぐれて意識的行為であり、したがってまた知的行為である。[3]

　このような、人間に固有な、自然との物質代謝の意識的媒介のことを、マルクスは**労働**と呼んだ。すなわち、労働とは、人間が自然との物質代謝を自分の意識的な行為によって媒介し、規制し、制御することにほかならない。

　労働が現実におこなわれるには、人間による労働という行為以外に、二つの要素が必要である。

　一つは、**労働対象**である。たとえば、鉱脈のなかにある鉱石は、採掘という労働にとっての労働対象である。また、採掘された鉱石は製錬され金属となるが、この製錬という労働にとって採掘された鉱石は労働対象である。この鉱石のように、すでに労働が加えられている労働対象のことを**原料**という。同じように、製錬によってできた金属はほかの産業にとっての原料となる。

　もう一つは、**労働手段**である。人間は労働対象に働きかけるさいに、さまざまな道具を利用する。たとえば、狩猟のさいには槍を用いるし、漁においては網や釣竿を用いる。これが労働手段である。[4]

労働がおこなわれ、当初の目的が実現されると、生産物ができあがる。労働対象と労働手段はともに生産物を作るための手段なのだから、両者をあわせて**生産手段**と呼ぶ。

3　多少、むずかしくなるが、このことについてもう少し突っ込んだ説明をしておく。以上の説明で「意識的」あるいは「自覚的」という言葉を用いたが、これは人間が自分の生命活動じたいを意識の対象にしているということを意味している。つまり、自然対象や他の個体を知覚し、働きかけるということは、人間にかぎらずどんな生物でもやっていることであるが、人間の場合、このような生命活動じたいを意識の対象にしているということである。だからこそ、後述するように、人間は生活の仕方を変容させていくことができるのである。動物も知覚をつうじて環境の変化に対応することはできるが、あくまで外界からの刺激にもとづく本能的な対応であり、生命活動のあり方じたいを変えることはできない。ところが、人間は生命活動じたいを意識の対象とするので、この生命活動の様式を自覚的に変化させることができる。

4　厳密には、労働手段と道具はイコールではない。だが、さしあたり道具としてイメージしておいてよい。

なお、以上のように労働を物質代謝の意識的媒介として定義することによって、いわゆる「サービス労働」の一部もマルクスの労働概念に含まれることがわかる。たとえば、介護は人間の生活（人間と自然との物質代謝）が円滑におこなわれるように補助する活動なのだから、物質代謝の意識的媒介、すなわち労働にほかならない。このような労働は物体の形態をとった生産物を生産するわけではないが、なんらかの有用効果を生み出しており、この有用効果が生産物であることになる。

労働は自由な行為であり、普遍的性格を持つ

みてきたように、人間による物質代謝の媒介は動物と異なり、意志をもって自覚的におこなわれるという特質を持っている。このことから、人間による物質代謝の媒介、すなわち労働はいくつかの特徴を持つことになる。

第一に、人間による物質代謝の媒介は自由な行為であり、普遍的性格を持つ。

ビーバーがダムを作ったり、鳥が巣を作ったりするという活動は本能にもとづくものであり、そのやり方は基本的には変化することはない。動物の自然にたいする振る舞いは固定的なものである。ところが、人間の場合はそうではない。人間は、自然との物質代謝を意識的に遂行するのだから、そのやり方を多様に変化させることができる。

たとえば、人間は、安全な生活領域を確保するために住居を作るが、そのやり方は実に多様である。住居のあり方は時代とともに大きく変化していく。新石器時代の竪穴式住居と現代の住居とでは、その素材や構造はまったく違う。同じ時代のなかでも、気候や文化のあり方によって住居はまったく異なる形態をとる。

さらに、同じ生産物を作る場合でも、そのやり方はさまざまに変化する。たとえば、同じ小麦を栽培する場合でも、種まきの仕方や肥料の与え方などについて、いろいろなやり方がある。また、人間は労働にさいして労働手段を用いるが、この労働手段もじつに多様である。小麦を製粉する場合を考えると、人類ははじめ石の上で小麦をこすることによって製粉していたが、やがて石臼が発明され、動力としても家畜や水車が利用されるようになった。現在では電気を動力とする鉄製のローラーによって製粉がおこなわれている。もちろん、猿などの動物も自然との物質代謝の媒介のために石や木の枝を用いるが、人間のようにこれほど多様な道具を用い、しかも発展させてい

5　現代社会において「サービス労働」とされるもののすべてがマルクスの労働概念に含まれるわけではない。たとえば、レジ打ちの仕事は一般的には労働とされるが、物質代謝を意識的に媒介する行為ではなく、経済的な形態変化（商品の売買）を媒介する行為であるので、労働ではない。

くことはない。

このような労働の多様性は、人間が物質代謝の媒介を動物のように本能的におこなうのではなく、自覚的におこなうことから生じるといえるだろう。人間は、その意識性ゆえに、動物のように固定的にではなく、自由に自然に関わる。だから、人間は、ある一定の特殊なやり方にとどまることなく、普遍的に自然に関わることができるのである。

現代社会においては、労働の自由とは、職業選択の自由のことだと考えられることが多い。しかし、マルクスにとって労働の自由とは、なによりも労働における自由のことを意味した。人間が労働するさいには、自由に目的を設定し、この目的の実現を意識的に、自由に追求する。このような労働の自由な性格は、各人が自分の個性を自由に発展させることを可能にするだろう。人間が労働にやりがいを感じることができるゆえんである。

もちろん、あくまで労働は人間と自然との物質代謝の媒介であり、まったく恣意《しい》的に目的を設定し、気ままなやり方でそれを実現するということはできない。いくら意識的な行為であるといっても、人間が動物の一種である以上、生命活動の一環として労働はおこなわれなければならない。労働の目的や手段はこのことに大きく制約される。しかしながら、人間は労働をつうじて物質代謝そのもののあり方を変えていくし、また、自然の力を利用しながら、その媒介の仕方も変化させていく。だからこそ、人間は労働することにやりがいを感じ、労働によって自己実現することができるのである。

ただし、ここで考えているのは、あくまでも労働一般であることに注意しよう。というのも、労働はそれが持つ歴史的に特殊な社会的形態によって不自由な労働にもなりうるからである。労働が自由な行為であるということは、それが不自由な行為になる可能性があるということなのである。これにたいし、自然との物質代謝を本能的におこなう動物には、不自由という苦しみは存在しない。

人間は労働をつうじて生産関係を取り結ぶ

第二に、労働はある一定の特殊な生産関係を形成する。

序章でみたように、人間たちは他の人や物にたいする一定の関わりをつうじて一定の関係を形成している。そのなかでも、人間たちが他の人間たちとの関わり合いをつうじて形成する関係を**社会関係**という。この社会関係は、人間たち相互の関わり合いの仕方によって、さまざまに変化していく。

もちろん、人間以外の生物も、群れをなしながら自然との物質代謝をおこなっているのだから、他の個体と関わり合い、関係を形成しているとはいえるだろう。しかし、それはあくまで本能的に形成された関係にすぎず、固定的なものである。したがって、人間以外の生物は互いのあいだで歴史的に特殊な関係を形成することができない。歴史的に特殊な社会関係は、あくまで人間による意識的行為をつうじて、形成されうるのである[6]。

人間が労働をおこなうさいにも、このような社会関係が取り結ばれている。無人島や山奥で一人で生活しているといったような特殊な場合でないかぎり、労働はつねに他人との関わり合いのなかでおこなわれるからである。このように、人間の生産活動にともなって形成される社会関係のことを**生産関係**という。生産者と他者との関わり合いの仕方が変わっていけば、もちろん、生産関係も変化する。

したがって、労働はただ、さまざまなやり方でさまざまな生産物を生み出すというだけではない。労働は、それがおこなわれるときの他人との関わり方の違いによって、異なる生産関係を形成する。

この歴史的に特殊な生産関係について具体的に説明することは、労働一般という本章のテーマからはずれてしまうが、以上の説明はあまりに一般論すぎてわかりにくいだろうから、もう少し具体的な事例をとりあげてみよう。

話をわかりやすくするために、人間が共同体を形成して、生活している場合を考えてみよう。現代社会と違って、人々がバラバラに生活を営んでいるのではなく、諸個人が一つの共同体に所属して生活している。ここでは、諸個人は互いを共同体のメンバーとして認め合っている。かたい言い方をすれば、諸個人は互いにたいして互いを共同体のメンバーとするようにして関わり合っている。イメージしにくいという人は、自給自足で生活する大家族を想定してみればよい。

このような共同体のメンバーが互いに分業をして社会生活を営んでいるとしよう。たとえば、ある人は小麦を栽培し、ある人は布を織っている。おこなっている労働は別々であるが、しかし、いずれの労働も共同体の必要を満たすための労働である。小麦も布も共同体のなかで必要に応じて分配される。

この場合、小麦を栽培する労働と布を織る労働はまったく別の種類の労働であるが、それにもかかわらず共通の性格を持っている。つまり、いずれも共同体のメンバーに

6　本章の傍注2（四三頁）で述べた人間の意識構造の特殊性から、ここで述べた人間の「関わり」の特殊性が生まれる。動物も群れをなし、自然との物質代謝を媒介しているかぎりにおいて、自然や他の個体にたいして関わり、一定の関係を形成しているが、動物はそのような関係を意識の対象とすることはない。ところが、人間はそうではない。人間は、一定の関わりをともなう、生命活動を意識の対象とし、それを自覚的におこなうし、関わりによって形成された関係も意識の対象とすることができる。だから、人間たちは自分たちが取り結ぶ関係を変化させることができるのである。

よる労働であるという性格を持っている。生産者が共同体のメンバーとして関わり合っているのだから、生産者がおこなう労働という行為も共同労働という社会的形態を受け取るのである。

このような共同労働は、はじめから共同体の必要を満たすためにおこなわれるのであるから、その生産物も共有物という社会的形態を受け取ることになる。つまり、共同労働をする諸個人は自分たちの生産物にたいしてそれを共有物とするようにして関わる。共同労働ははじめからわかっている共同体メンバーの必要性に応じておこなわれる労働であるから、その生産物も共有物として共同体メンバーの必要性におうじて分配されるのである。

このように、共同体のなかでは人格的な紐帯《ちゅうたい》が存在するので、生産ははじめから社会の必要におうじておこなわれるものとなる。もちろん、ここで述べたような純粋な共同体が歴史上存在したことはおそらくないだろう。しかし、人類は長いあいだ、なんらかの人格的紐帯を基礎として生産や分配をおこなってきた。その意味ではここで取り上げた純粋な共同体との類似性を持っていたのである。

ところが、現代の資本主義社会においてはこのような生産や分配の方法は採用されていない。諸個人は「自由」に生産活動をおこない、市場での交換をつうじて、結果として社会的分業を成立させているにすぎない。つまり、個人個人が勝手に生産活動を営んでいるにもかかわらず、社会の必要が一応は満たされているのである。どうして、このようなことが可能なのだろうか。これが次章のテーマである。

[コラム] 肉体労働と精神労働

いつの時代も労働は人間と自然との物質代謝の意識的媒介であるほかない。しかし、人々が互いに協力しあい、社会的に労働するようになると、労働の範囲は拡大する。

たとえば、時計の構造を熟知している職人が一人で時計を製作する場合には、彼の労働は直接に人間と自然との物質代謝の媒介をおこなっている。ところが、時計の製造を分業して多人数でおこなうような場合には、直接に時計製造に携わっている人だけではなく、時計の設計をする人や作業工程を指揮し制御する人も必要となる。これらの人々は、直接に物質代謝の媒介にかかわっていないのだから、労働していないようにみえるが、そうではない。彼らは、ほかの人々が物質代謝を意識的に媒介するために不可欠な役割を果たしており、その意味で間接的にではあるが、物質代謝の意識的媒介をおこなっている。

このように、労働が社会的におこなわれるようになると、直接には物質代謝を媒介していない人間の知的営みが労働となる。このような労働のことを精神労働という。他方、直接に物質代謝の媒介をおこなう労働を、精神労働と区別し、肉体労働という。

資本主義社会においては、精神労働と肉体労働の分離が進んでいくとともに、この二つが敵対的に対立するようになる。他方、精神労働の大部分が肉体労働と同じように効率化・単純化されていく傾向もある。

第2章　私的労働と商品

商品は、一見、自明で平凡な物にみえる。
商品の分析は、商品が非常に厄介な代物であり、
形而上学的な小理屈や神学的な小言に満ちていることを示す。

（『資本論』第一部第一章商品）

本章以降では、いよいよ賃労働という特殊な働き方について考えていく。だが、私たちはいきなり賃労働について考えることはできない。というのも、賃労働を実際におこなうためには、商品や貨幣が広範に存在することが必要だからだ。商品や貨幣が広範に存在しなければ、会社に雇われて賃金をうけとり、その賃金で生活に必要なものを買うことはできない。じっさい、前章でみたような、商品や貨幣がまったく存在しないか、あるいは限定的にしか存在しない社会では、賃労働もまた存在しなかった。そこで、賃労働について考えるまえに、まず、商品と貨幣について理解しておく必要がある。本章では商品について、次章では貨幣について考えることにしよう。

私たちにとって、商品はきわめて身近なものだ。おそらく、この本の読者で商品を買ったことのない人はいないだろう。そもそも、この本じたいが一つの商品だ。商品を売ったことがない人はいるかもしれないが、いずれ「社会人」として生活を営んでいくためには、自分の労働力を売るか、自分で作った商品を売るかして、貨幣を手に入れなければならない。いまの社会では商品を消費せずに生きていくことはほとんど不可能であり、商品を手に入れるためには貨幣が必要だからだ。

このように、商品はどこにでもある、平凡なものである。しかし、だからといってそれを理解することが簡単だとはかぎらない。逆に、あまりに身近な存在だからこそ、かえってその存在を自明のものとみなしてしまい、商品がどんなものなのか考えることがむずかしくなっている、ともいえるだろう。だから、商品を理解することがむずかしいのは、たとえば近年の金融商品のようにそれが複雑な仕組みによって成り立っているからではない。むしろ、あまりに身近で平凡にみえるので、あらためて商品について深く考えてみようとしないというところに、そのむずかしさの理由がある。たとえば、ふつうに生活している人々は「そもそもなぜ商品というものがあるのだろうか」「商品はいかにして成り立っているのだろうか」などという問いを考えることなどほとんどない。かくいう私も、マルクスを読むまではそんなことは考えたこともなかった。

本章で考えたいのは、まさにこの問いである。序章でみたように、マルクスの理論的方法の核心は、「なにか」を問うことにあるのではなく、「なぜ、いかにして」を問うところにある。商品についても、私たちは「なにか」を問うにとどまるのではなく、「なぜ、いかにして」を問うことによってそれを把握することができるのである。

商品についての一般的なイメージ

特に経済学を学んだことのない人に「商品とはなにか」と尋ねれば、おそらく日常的に抱いているイメージにもとづいて、「値札が付けられていて、交換されるものだ」と答えるだろう。つまり、この見方にしたがえば、商品とは、貨幣によって手に入れることができる、なんらかの有用物である。というのも、それが買い手にとって有用でなければ買い手は自分の貨幣を手放してそれを手に入れようとしないだろうし、値札が付いているということは、その値札どおりの貨幣量を持っていさえすればその商品を手に入れることができる、ということを意味しているからだ。

このような見方は、私たちの日常的なイメージからすれば疑いのない事実であろう。だが、これだけでは商品についてなにも理解したことにはならない。ここには、考えなければならないさまざまな問題がある。たとえば、商品が値札を付けられて交換されていることは紛れもない事実であるが、なぜそもそも値札を付ける必要があるのだろうか。[7]

資本主義社会のなかでしか生きたことのない私たちにとっては、この問いはかなり

7　もちろん、ここでは先の説明に含まれていた貨幣とはなにか、ということが問題となる。しかし、貨幣は、まず値札の問題を理解しなければ、理解することができない。値札の問題については、ここで述べた、そもそも値札をなぜ付ける必要があるのか、という問題と、値札を付けるということがいかにしてなされているのか、という二つの問題があるが、本章では前者を扱い、次章で後者を扱う。

珍妙に聞こえるかもしれない。しかし、歴史を振り返ってみれば、値札を付けないで物を交換するという事例はいくらでもあった。また、商品や貨幣がまったくない社会も存在した。だから、商品を理解するためには、なぜ値札を付けて交換しあうという事態が生じるのかを考えてみる必要がある。

たとえば、第1章でみたような、社会全体が一つの共同体からなっている社会を考えてみよう。そこでは、社会全体で分業をおこなって、それぞれの生産者が互いに交換しあっている。しかし、そこでは物に値札を付けて交換しあうということはなされていない。というのも、交換にさいして、値札を付けるということを必要としないからである。共同体の人々は、はじめから共同体の必要に応じて、割り当てられた労働をおこなう。そして、その成果を共同体のなかで必要に応じて分配するだけである。共同体の人々は、はじめから共同体全体の必要、あるいは共同体の他の成員の必要に応じて労働をするのだから、それを交換するときにあらためて値札を付けて値踏みをするということを必要としないのである。

つまり、共同体においては、人々はあらかじめ存在する人格的紐帯《ちゅうたい》を前提として、すなわち共同体の意志を前提として生産するのだから、人々の労働ははじめから社会的に意味があるものとして共同体から認められている。それゆえ、その労働の成果である労働生産物を、あらためて突き合わせて互いに値踏みをする必要はない。

私的労働が商品を生み出す

では、なぜ交換をするさいに値札を付けるということが必要になるのだろうか。その答えは、資本主義社会においては、共同体と違って人格的紐帯を前提にして生産しているのではない、ということにある。

資本主義社会では、生産はあらかじめ存在する人格的紐帯にもとづいてなされるのではなく、まったくバラバラに、すなわち**私的**に、私事としておこなわれている。もちろん、バラバラに生産するといっても、生産者たちが互いに無関係だというのではない。むしろ、資本主義社会はこれまでのどの社会と比べても、社会的分業が発展しており、人々は相互に依存しあっている。じっさい、私たちが日々消費する労働生産物の圧倒的な部分は、他人の労働生産物である。このように資本主義社会においては、人々はこれまでのどの社会にもまして他人の労働に依存しているが、にもかかわらず、その労働は私的におこなわれているのである。

共同体においては、労働ははじめから社会の機能の一部分としておこなわれた。ところが、資本主義社会においては、労働はまず各生産者によって勝手におこなわれ、結果として社会の機能の一部を果たすにすぎない。このように、資本主義社会における労働は、結果としては社会的分業を担うにもかかわらず、それじたいとしては**私的**

労働という形態でおこなわれているのである。

私的労働は、共同体における共同労働とは異なり、それぞれの生産者が勝手におこなう労働であるにすぎないのだから、実際にそれがおこなわれているときには、社会から必要なものとして認められていない。だから、私的労働そのものはさしあたりなんの社会的性格も持っていない。にもかかわらず、この私的労働は結果としては社会的分業の一部分を構成しなければならない。そうでなければ、私たちは社会的分業を成立させて生きていくことができないだろう。では、直接には社会性を持っていない私的労働が社会的分業の一部分を構成しなければならないという、このジレンマは、現実にはどのようにして解決されていくのだろうか。

私たちはこのジレンマを労働生産物を商品として交換することによって解決しているのである。

資本主義社会においては、生産者は私的生産者に分裂させられている。[8] だから、労働を社会的なものとしておこなうことはできない。それゆえ、私的生産者たちはその成果である労働生産物を互いに持ち寄り、突き合わせ、交換することによって社会的関係を成立させる。労働そのものは直接には社会性を持っていないとしても、その労働が他人にとっての有用物を作り出すのであれば、この有用物は他人の欲望の対象となることができる。だから、互いに自分が持っている有用物によって相手が持っている有用物を手に入れようとして、この有用物どうしを突き合わせ、交換しようとする。こうして、有用物の交換の結果として、社会的分業が成り立つのである。ここでは、労働によってではなく、その成果である有用物どうしの関係をつうじて、社会的な関係が成立している。

だが、まだ問題は解決されていない。私的生産者たちが、それぞれの労働生産物を突き合わせて、交換し、社会的な解決を取り結ぶとしても、それがいかにして可能になっているのかが問題になるからだ。

私的生産者の私的労働はそれじたいとしてはさしあたりなんの社会的性格も持っていない。だから、彼らは労働の成果である有用物を互いに突き合わせ、有用物どうしを互いに関連させることによって、社会的関係を形成する必要があった。だが、有用

8　なお、ここでいう私的生産者とはたんなる個人のことだけを意味するのではない。たとえば、大企業のような巨大組織であれ、それが私的利益を目的として私的に労働を組織し、生産をおこなっているかぎりで、一つの私的生産者である。ただし、資本主義的生産関係においては、諸個人は私的個人としてバラバラになっているので、これらの組織じたいが貨幣の力に依存して組織されるほかない。たとえば、株式会社であれば資本家が出資者としての権利を主張することができる株主総会をつうじて結合し、賃労働者を雇い、会社を組織している。

物を互いに関連させるということはいかにして可能になるのかが問われなければならない。なぜなら、労働生産物は有用物としてはそれぞれまったく異なるものであるからだ。もし労働生産物がまったく同じ有用性を持っているのであれば、そもそも交換がおこなわれることはない。

たとえば、小麦生産者と上着生産者が小麦と上着を互いに関連させ、交換することによって、社会的な関係を取り結ぶという場合を考えてみよう。このとき両者は私的生産者として向かいあっており、さしあたり相手の生産物の有用性だけに関心を持ち、この交換をおこなおうとしている。ところが、小麦と上着はそれぞれまったく異なった物であり、有用物としては両者には何の共通性もない。上着でパンをつくることはできないし、小麦を着ることもできない。それゆえ、彼らは交換の基準となるものが存在しないという困難にぶつかり、そのままでは交換をおこなうことができない。もちろん、小麦と上着は、体積や重さなどの共通の物理的属性をもっているが、それらは結局、それぞれの有用物の量を量ることができるだけであり、有用性において共通性が存在しない以上、交換の基準とはならない。

それでは、私的生産者たちが有用物としてはなんの共通性も持っていない労働生産物どうし、たとえば小麦と上着を互いに関連させあい、交換をおこなうということは、いかにして可能になっているのだろうか。

私的生産者たちが自分たちの労働生産物を互いに交換するとき、彼らは生産物の有用性だけではなく、それらがどんな比率で交換されるかにも注目している。彼らは共同体の成員として生産しているのではなく、私事として、私的利益のために生産しているのだから、自分がもっている生産物をできるだけ有利な交換比率で交換しようとする。このとき、人々が生産物を有利な交換比率で交換しようと値踏みの対象とすることにより、さらには、そのような値踏みする力がぶつかりあうことにより、生産物は一定の交換力を持つものとして現れてくる。こうして、生産物は有用性だけでなく、交換力という社会的な力をもつようになるのである。このとき生産物がもつ交換力のことをマルクスは**価値**と呼んだ。

じつは、生産者たちが互いに値踏みをつうじて生み出すこの価値こそが、労働生産物を互いに関連させ、交換することを可能にしているのである。というのも、このとき、私的生産者たちは、有用物としてはまったく異なる労働生産物にたいして価値という共通の社会的属性を認め、この価値という属性を持つものとしては異なる有用物も同じ物として扱っているからである。そのことによって、異なる有用物のあいだに価値という共通の基準を打ちたて、両者を交換することを可能にしているのだ。かたい言い方をすれば、私的生産者たちは労働生産物にたいしてそれを価値物（価値を持つ物）とするようにして関わり、そのことによって労働生産物どうしの関係を作り出している、ということになる。だから、交換において小麦＝上着などという等式が成立しうるのである。

じつは、私たちがふだん「このモノにはこれだけの値打ちがある」というときの「値打ち」とは、モノが持っている価値を漠然と言い表したものである。けれども、私たちはモノが価値を持っていることの意味については自覚していないし、そもそもなぜ、いかにしてモノが価値を持つのかということについても意識していない。なぜなら、私たちは私的労働の生産物を価値物として扱い、生産物どうしを互いに関連させるということを自覚的におこなっているのではないからだ。そもそも自覚的にそれをおこなっているのならば、以上のような説明は不要であった。諸個人がバラバラになっており、共同労働をおこなうことができず、私的に労働しなければならないかぎり、私的生産者たちは労働生産物どうしを互いに関連させることによって社会的関係を成立させるしかない。そして、労働生産物どうしを互いに関連させるさいには、労働生産物を値踏みの対象とし、価値物として扱うことにならざるをえない。このような事情によって、私的生産者たちは無意識のうちに労働生産物を価値物として扱うことを強制されているのである。逆に言えば、たとえ当事者が無自覚であったとしても、事実として労働生産物どうしを互いに関連させて社会的関係を成立させているのであれば、労働生産物を価値物として扱っていることになる。

こうして、私的労働によって社会的分業を成立させている社会においては、労働生産物は価値という社会的な力を獲得する。このようにして、価値という属性を獲得した有用物のことを**商品**という。有用物が持つ有用性のことを**使用価値**というので、商品は使用価値と価値という二つの属性を持っているということができる。また、商品によって私的生産者たちが関係を取り結び、社会的分業を成り立たせている生産関係のことを**商品生産関係**という。

商品に値札が付けられているのは、商品が持っている価値という社会的な力を表示するためにほかならない。つまり、私的生産者たちは互いに関係を取り結ぶために労働生産物を相互に関連させなければならないからこそ、労働生産物を商品として扱い、それが持つ社会的な力を目に見えるように表すために値札を付けてやりとりするのである。ここでは、人々は相手が持っている商品の有用性だけを判断基準とするのではなく、値札によって表示されている商品の価値をみて値踏みをして、交換するかどうかを決めている。この値札によって表示された価値のことを**交換価値**という。

物象化と物神崇拝

先ほど、労働生産物が価値という属性を獲得し、商品となるのは、私的労働をおこなう生産者たちが労働生産物を価値物として扱うからだ、という説明をした。しかし、このことを理解するのはなかなかむずかしいので、いくつかの点を補足しておきたい。

もっとも重要なことは、商品が持つ価値という社会的な力は、人間たちがそれを価値を持つものとして扱うかぎりでのみ、成り立つということだ。商品の使用価値はその労働生産物じたいが持っている自然物としての属性に依存しているが、価値のほうは純粋に社会的な属性である。ある労働生産物が価値を持っているのは、私的生産者たちが労働生産物にたいしてそれを価値物とするようにして関わるからなのであって、あくまでも価値は労働生産物にたいする人間たちの特定の関わり方から生まれるのである。つまり、人間たちは物が価値を持っているからそれを価値物として扱っているのではない。人間たちがそれを価値物として扱うからこそ、その物は価値を持つのである。

そして、人間たちがこのような振る舞い方をしているかぎりでは、人間たちにたいして労働生産物は実際に価値という社会的な属性を持つものとして現れ、人間にたいしてその力を及ぼすことができる。これは、臣下たちが特定の個人Aにたいして A が王であることを認めるようにして振る舞うならば、じっさいにAは臣下たちにたいして王としての力を持つものとして現れ、また現実にその王としての力を行使することができるということと同じである。

だから、人々が労働生産物をつうじて結びつけられている社会においては、人間ではなく、労働生産物のほうが社会的な力を持つ。人間たちが労働生産物をコントロールするのではなくて、価値を持った労働生産物、すなわち商品が人間をコントロールする。たとえば、人間たちはある有用物をどれくらい生産するのかを自分たちで社会的に決定するのではなくて、市場における商品価値（あるいは交換価値）の変動をみて、自分たちの生産を調整する。

このように、人間にかわって社会的な関係を取り結ぶ力を持つにいたった物を**物象**という。また、商品生産関係においては、人々はこの物象の力に依存することによってのみ社会的関係を取り結ぶことができるのであり、人格と人格の関係は物象と物象の関係として現れる。ここでは、人間の生産活動が、自らの生み出した物象の関係によってコントロールされ、振り回されるのだ。このような転倒した事態を**物象化**という。

そして、いったん物象化された関係が定着すると、労働生産物が商品としてやりとりされるのは日常のこととなる。だから、人間たちの特定の振る舞いの結果として労働生産物が価値という属性を持っているにもかかわらず、労働生産物が価値を持ち、商品となるのは当たり前のことだと考えられるようになる。つまり、労働生産物が商品として交換されるのは当然のことだと考えられるようになる。

このような見方がさらに極端になると、労働生産物が商品として持っている価値はその労働生産物自身の性質だと考えられるようになる。価値は人間の特定の振る舞いによって労働生産物に与えられる属性であるにもかかわらず、労働生産物じたいの自然属性だと錯覚されるようになるのである。このような錯覚のことを、**物神崇拝**（フェティシズム）という。たとえば、パソコンはある一定の関係のなかでのみ価値を持つのであるが、これをパソコンがそのもの自体として価値をもっているかのように錯覚する場合である。

このように、物象化は私的労働という特定の労働の仕方、またそこから生まれる特定の振る舞いの結果であり、物神崇拝は物象化の結果である。したがって、このような人間の労働生産物にたいする振る舞いの仕方が変われば物象化はなくなり、物神崇拝も消え去る。じっさい、これまで繰り返しみてきたように、私的労働ではなく、共同労働によって社会的分業を成り立たせている社会では労働生産物が価値を持つことはなく、したがって物象化した社会関係も存在しなかった。

もう一つの重要な点は、物象化は人々の意識の産物ではなく、ある条件のもとで強制された人々の振る舞いの産物であるということだ。これはよく勘違いされることだから、きちんと確認しておく必要がある。

私的労働によって社会的分業を成立させている社会では、人々の労働は直接には社会的な性格を持っていないので、労働生産物を価値物として扱い、そのことをつうじて互いに社会的関係を取り結ぶ。だが、すでに述べたように、このことを個々人は自覚的におこなっているわけではない。人格的な結びつきが解体されているために、私的労働によって社会的分業を成立させなければならないという社会的条件に強制されて、無自覚のうちにこのことをおこなっているのである。

したがって、人々が彼らの意識において労働生産物を価値物だと考えるから、労働生産物が価値を持つようになるのではない。むしろ、逆に、じっさいに商品交換をおこなっていくなかで、人々は次第に商品の価値性格を認識していったのである。じじつ、私たちは価値が値札によって表された商品の交換価値にはつねに関心を持っており、そのような関心がなければおよそ日常生活を支障なく営んでいくことはできないが、価値については必ずしもそうではない。もちろん、人間たちは商品生産関係の発展につれて商品の価値性格を認識し、漠然と言い表すようになるが、マルクス以前には商品が価値を持つということの意味をきちんと理解することはできなかった。そのことはマルクス以前には誰も、価値と交換価値を明確に区別することができなかったという事実から明瞭に見て取ることができる。

このように説明すると、では「価値」とはいったいなんなのか、という疑問を持つ人もいるだろう。人々の目の前に現れることもなく、必ずしも意識において自覚されることもない、この「価値」とはいったいどのような存在なのか。一言で言うなら、それは社会的な威力である。人々の人格的関係が切断され、私的労働をする社会においては、物と物との関係をつうじて社会関係を取り結ぶほかはないので、諸個人の主観とはかかわりなく、労働生産物が人間たちにたいしてある社会的な威力を持つ。ここでは、人間たちは自分が商品の価値についてどのような見解を持っていようと、労働生産物が持つ価値という力に依存して、他人と社会的関係を取り結ぶほかはない。また、労働生産物が持つ価値という力にしたがって、自分の生産のあり方を決めるほかはない。だから、諸個人が価値についてどんな見解を持っていようと（あるいはまったく持っていまいと）、このような関係においては実際に労働生産物が社会的な力を持ち、それを発揮している。このような社会的な威力こそが価値なのである。

価値の実体は抽象的人間的労働である

以上にみてきたように、人々が労働生産物を価値物として、すなわち商品として扱わなければならないのは、彼らが私的に労働しており、労働それじたいは直接的には社会的性格を持っていないからであった。だからこそ、私的労働は労働生産物に価値という社会的な力を与えずにはいないのである。したがって、価値は私的労働の社会的性格を物の属性として表したものだといえるだろう。だが、価値においては私的労働の社会的性格はただ一面的にしか反映されない、ということに注意しなければならない。

前章でみた、共同的に労働する社会では、その労働はいきなり社会的な性格を持つものとしておこなわれた。だから、それぞれの具体的労働、たとえば上着を作る労働であれば裁縫という労働の具体的形態がいきなり社会的な意味を持つものとして通用した。ところが、資本主義社会における私的労働はそれじたいとしてはなんの社会的性格も持っていない。だから、他人の欲望の対象である労働生産物に価値という社会的な力を与え、商品とすることによって労働の社会的関係を作り上げることが必要とされたのである。

だが、ここで労働生産物が獲得する価値という属性は、たしかに労働の社会的性格の表現であるが、その一面的な表現でしかない。というのも、価値にとっては、その商品がどのような使用価値を持っているか、したがってまたどのような具体的労働によって作られたか、ということはどうでもよいからだ。むしろ、価値は、労働生産物がそのような具体的な有用物としての性格とは区別される同等な属性を互いに獲得するために、必要とされたのであった。だから、他人のための有用物を生産するという意味での私的労働の社会的性格は、価値とは関係ない。この意味での社会的性格は商品の使用価値に表されている。

では、価値において表示されている私的労働の社会的性格とはなにか。労働から、有用物を生産するという具体的性格を取り除いたもの、すなわち人間がおこなう労働一般としての労働の性格である。労働からその具体的な形態を取り除けば、そこに残るのはただ人間が一定の労力を費やして労働したということでしかない。このような一般的な人間労働としての労働の性格のことを、**抽象的人間的労働**という。価値において表示されているのは、この抽象的人間的労働なのである。他方、具体的な有用物を生産するという意味での労働の性格を**具体的有用労働**という。

もしかしたら、価値においては人間がおこなう労働一般としての労働の社会的性格だけが表示されている、という説明は少しわかりにくいかもしれない。他人のための有用物を生産するという意味での労働の社会的性格は簡単に理解できるが、人間労働一般としての労働がどんな社会的性格を持っているかは直観的には理解しづらいからだ。だが、これはそれほどむずかしい話ではない。

どんな社会であれ、生産のために使うことができる社会全体の労働量は有限であり、これを適切に配分しなければ社会にとって必要なものを生産することはできない。だから、どんな労働であれ、ある特定の使用価値を生産したということとは別に、ある物の生産に社会全体の労働のうちからある一定量の労働を費やしたという意味での社会的性格を持っている。資本主義以前の共同体を基礎とした社会では、どの生産部門に労働を投下するか（具体的有用労働としての社会的性格）だけでなく、そこにどれだけの労働を投下するか（抽象的人間的労働としての社会的性格）も共同体のなかの伝統や習慣などによって決めていた。ところが、資本主義社会においては、どの生産部門であれ、共同体の秩序によって労働を動員することはできないので、経済的利益をつうじて、すなわち商品交換から得られる利益をつうじて、労働を動員しなければならない。ここでは、具体的有用労働としての社会的性格は商品の使用価値において（その商品が売れるかどうか）、抽象的人間的労働としての労働の社会的性格は商品の価値において（その商品が投入した労働に見合う交換力をもっているか）示されるのである。したがって、価値は**抽象的人間的労働の対象化**だということができる。ここで「対象化」というのは、労働の持つ抽象的人間的労働という性格が人間にとっての対象である労働生産物の属性として表されているということである。

もちろん、人間たちはこのような事情を知る由もない。商品が持っている価値という属性については、人間たちはしっかりと理解できなくとも、それが存在することは漠然と感じ取っていた。だが、価値の実体が労働であることは、現象の外観から見て取ることはできない。むしろ、現象はそれを覆い隠している。というのも、資本主義社会においては私たちは実際に、労働の社会性によってではなく、労働生産物が持つ社会性に依拠して関係を取り結んでいるからであり、私たちに現象するのはこの労働生産物の社会的関係でしかないからである。したがって、人間たちは、私的労働をしているがゆえに、労働生産物に価値を与え、互いの労働を抽象的人間的労働として関連させあっているという事情を知らない。にもかかわらず、社会的諸条件に強制されて、そのようなことをおこなっているのである。

私的労働にもとづく社会的分業においては、労働生産物の価値をつうじてはじめて互いに関係を取り結べるのであるから、労働は抽象的人間的労働としてのみ互いに関連しあうことができるのであり、具体的労働としては互いに関連しあうことはできない。あくまでも価値の力を借りておこなわれる商品交換の結果として社会的分業が成立し、そのことによって事後的に具体的労働の社会的性格が確証されるにすぎないのである。だから、価値が重要な意味を持つ資本主義社会においては、抽象的人間的労働が価値に対象化されることによって、具体的有用労働から切り離され、独自の重要な意味を獲得することとなる。つまり、価値生産としての労働に関心が向けられるようになり、どんな内容の労働をしているかは主要な関心事ではなくなっていくのである[9]。

商品の価値量は社会的必要労働時間によって規定される

これまではもっぱら価値の質についての説明をしてきた。そこで次に、価値の量について説明しよう。

研究者でさえも価値の質と価値の量の問題を混同していることが少なくないが、後者は前者を前提としてはじめて語ることができる。たとえば「現在の室内の温度は二五度である」といった場合、温度という質が前提されたうえで、二五度という量が語られている。温度がいったいどのような質なのかという問題と、その量がいま何度なのかということは別の問題である。同様に、価値についても、まずその質を理解したうえで、その量について考えなければならない。

価値とはその質からみれば、私的労働の生産物がもつ交換力であり、その力は労働の抽象的人間的労働としての社会的性格が対象化されたものにほかならなかった。したがって、価値の量は、抽象的人間的労働の量によって規定される。そしてこの抽象的人間的労働の量は労働時間によって測られる。

とはいえ、商品の価値量はその商品に直接に必要とされた労働時間によって決まるのではない。たとえば、Aさんが上着を五時間で縫い上げ、Bさんが同じ種類の上着を一〇時間で縫い上げたとしても、Bさんの作った上着がAさんの上着の二倍の価値を持つわけではない。ここで価値に対象化されているのは、個々の具体的労働ではな

9　私たちはこのことの具体例を食品偽装や耐震強度偽装などの問題においてみることができるだろう。

く、人間労働力の一般的支出としての抽象的人間的労働だからである。そこでは、ある一定時間におこなわれる労働の密度のことを**労働の強度**というが、この労働の強度や第6章で扱う生産力が一般的であること、すなわち社会的平均であることなどが前提されている。それゆえ、価値の大きさは個々別々の具体的労働の労働時間ではなく、その商品の生産に社会的・一般的に必要とされる労働時間によって測られるのである。だから、商品の価値量はその商品の生産に社会的に必要とされる労働時間、すなわち**社会的必要労働時間**によって規定される。

このことの意味を社会的なレベルで確認しておこう。というのも、価値はその質からみれば、私的労働の生産物のあいだに社会的関連を作り出すという意味を持っているが、他方、その量からみれば、社会的総労働の配分と労働生産物の分配をおこなうという意味を持っているからだ。

すでにみたように、およそどんな社会においても、社会全体の欲求を満たすには社会全体の労働を適切に配分しなければならない。というのも、社会全体でおこなうことができる労働量は有限だからである。人間は生物の一種であり、物質代謝の意識的媒介である労働も生命活動の一環としておこなわれるほかない。それゆえ、労働の配分の仕方を間違えば、社会はその欲求を満たすことができなくなる。

また、生産された労働生産物を適切に分配することも必要である。いくら労働生産物を生産したとしても、それを適切に分配して個々のメンバーの必要を満たすことができなければ社会を存続していくことはできない。

共同体の場合、これらの問題は簡単に解決される。民主的な共同体であればメンバーどうしの話し合いによって、非民主的な共同体であれば指導者の決定によって、あるいは、共同体の伝統や習慣にもとづいて、労働の配分と生産物の分配の仕方を決めればよいからだ。

しかし、私的労働によって社会的分業をおこなう場合にはそうはいかない。そこでは、社会全体で合意して社会全体の労働を配分し、生産物を分配するわけにはいかないからだ。では、どのようにしてこれをおこなうのか。人間たちは労働生産物を価値物として扱うことによって、これをおこなっているのである。

みてきたように、私的生産者たちは労働生産物にたいして価値という社会的力を与えるように関わり、労働生産物どうしの関係を形成することによって、社会的な関係を取り結んでいる。このとき、私的生産者たちは労働生産物にただ価値という性質を与えているだけでなく、その労働生産物の生産に必要な社会的必要労働時間に対応する価値の大きさを与えているのである。

もちろん、私的生産者たちはこのことをまったく自覚していない。私的生産者が実際に関心を持つのは、市場で絶えず揺れ動く交換価値であり、それが彼らの想定する

「値打ち」と比べて高いか安いかということにすぎない。彼らにとって重要なのは自分の利益になるように交換をおこなうこと、すなわちできるだけ高く売り、できるだけ安く買うことである。しかし、私的生産者たちは、まさにこの私的利益を目的とした交換をつうじて、生産物に社会的必要労働時間に対応する価値を与えていることになる。というのも、私的生産者たちが何を生産するかを決める際には、それがどれだけ有利に交換されるかが問題になるが、その「有利さ」を判断する基準は、まさに自分が投入した抽象的人間的労働の量、すなわち労働時間にほかならないからである。それゆえ、ある一定の期間をとれば、生産物の交換比率はこの価値の大きさに規制されたものにならざるをえない。

さらに、それは社会的総労働の適切な配分をも可能にする。生産者たちが自分の生産物を社会的必要労働時間に対応する価値の大きさを持つものとして通用させるには、社会全体の欲求に対応する生産物を生産しなければならないからだ。もし彼がすでに需要が満たされているものを供給したところで、その労働生産物は社会的必要労働時間に対応する価値の大きさを持つものとしては通用しないだろう。逆に供給が少ない生産物についてはほんらいの価値の大きさより大きな交換比率での交換が望めるのだから、これまでより多くの私的生産者がその生産物を生産し、結果として、需要が満たされ、その生産物の価値の大きさは社会的必要労働時間に対応するものとなるだろう。

　こうして、社会的総労働の配分と労働生産物の分配が、さまざまな摩擦をともないながらも、価値を媒介とすることによって成り立つのである。[10] とはいえ、これは社会的なレベルで考えれば、価値を媒介として社会を存続していくことが一応はできるということであって、私的労働にもとづく生産であるかぎり、さまざまな混乱をもたら

10 なお、価値の大きさと価格の平均が一致するのは、商品生産関係を想定した場合だけである。第4章以降で述べる資本主義的生産関係においては、原則として両者は一致しない。この点の詳細については、さらに発展した内容をふくむ拙著『マルクス　資本論第3巻』(角川選書、二〇二四年)、第二章を参照されたい。

　資本主義的生産関係においては、もはや価値と価格の平均が一致しないにもかかわらず、価値という概念が必要になる理由は本章の叙述からも明らかであろう。

　第一に、価格という形態の成り立ちを明らかにするには、私的労働が価値という形態を必要とし、価値という形態が価格という形態を必要とすることを示さなければならない。つまり、価値概念なしには価格の必然性を理解することはできない。

　第二に、資本主義的生産関係において価格が価値から乖離しようとも、価格は私的労働の社会的性格の表現であることには変わりなく、労働との一定の関係が成立している。それゆえ、価格の運動はその基礎である労働に規制されるとともに、それに影響を与えずにはいない。だからこそ、労働の物象的表現としての価値概念は現実の価格の運動が現実世界にあたえる影響を考えるうえで不可欠なのである。

さざるをえない。本書でそのすべてについて触れることはできないが、代表的なものについては次章以降で触れることになるだろう。

次章以降では、とくに断りがないかぎり、労働はすべて社会的平均の強度でおこなわれる標準的な労働であるとする。また、いちいち価値の質（価値という性質）と価値の量（価値の大きさ）という言い方をしない場合もあるので、文脈によってどちらのことを言っているのか、注意しながら読み進んでほしい。

［コラム］脱商品化と生活の安定

私たちが生産を私的におこない、生産物を商品とすることをつうじて経済的な関係を取り結ぶようになると、私たちの生活はつねに偶然性に左右されるようになる。なぜなら、生産を私的におこなう場合には、その生産物が社会的な必要を満たすことができるかは商品を実際に売りに出してみなければわからないからだ。結果として、生産した商品を販売することができないというケースはいくらでもある。そして、商品を販売することができなければ、私たちは生きていくための貨幣を手に入れることができない。

それゆえ、社会において商品化が進んでいればいるほど、その社会の人々は偶然性に左右され、不安定な生活を強いられることになる。逆に言えば、商品化の程度が抑制されていればいるほど、その社会は偶然性から免れることができ、人々の生活は安定するといえるだろう。

福祉国家の研究で有名なイエスタ・エスピン゠アンデルセンは、「脱商品化」を福祉国家の指標として重視した。なぜなら、各種社会保険制度の充実や教育や医療の現物給付により、商品販売および商品購買の必要性が低下すれば、人々の生活はより安定したものになるからである。

福祉国家と聞くと、所得の再分配だけを考えがちであるが、より重要なのは脱商品化である。現代の日本社会はただ所得格差の拡大だけでなく、商品化のいっそうの進展という意味でも暮らしにくい社会になっているといえよう。

第3章　値札と貨幣

困難は、貨幣が商品であることを理解する点にあるのではなく、
いかにして、なぜ、なにによって、
商品が貨幣であるかを理解する点にある。
（『資本論』第一部第二章交換過程）

本章では、貨幣について考えることにしよう。

貨幣も、商品と同じように、きわめて身近なものだ。現代社会を貨幣なしに生きていくことはほとんど不可能であり、私たちは日々、貨幣によって商品を買い、支払いをしている。私たちが会社に雇われ、賃労働という特殊な働き方をするのも、この貨幣を手に入れるためだ。人は貨幣を手に入れるためにもがき苦しみ、大量の貨幣が手に入ると大いに喜ぶ。

このように、貨幣は大きな力を持っており、私たちの生活に多大な影響を及ぼしている。どうして貨幣はこれほど大きな力を持っているのだろうか。そもそもなぜ貨幣が存在するのだろうか。本章で考えたいのは、この問いである。

これまで貨幣はさまざまなかたちで議論の対象となってきた。たとえば、アナーキズムの始祖といわれるプルードンは、市場経済の不安定さと不平等の原因を貨幣に見出した。そして、市場経済は個人の自由のために必要だが、貨幣は廃絶すべきだと主張した。他方、スミスなどの古典派経済学者は、貨幣は流通のための道具であり、たんなる商品の一種にすぎないと考えた。つまり、貨幣は、人々が流通を円滑におこなうために、ある一つの商品を貨幣にすると取り決めることによって、作り出されたものである、とされた。

現在では、プルードンのように貨幣の廃絶を唱える人はほとんどいないが、古典派経済学者のような貨幣観はいまでも主流であるといってよい。こうした貨幣観にはさまざまなヴァリエーションがあるが、基本的には貨幣が持つ流通手段としての機能、すなわち商品流通の仲介物としての機能から貨幣を特徴づける考え方である。端的に言えば、商品交換を便利にする道具として貨幣を理解する考え方だ。

しかし、マルクスは貨幣にたいしてまったく違ったアプローチをした。マルクスは商品交換のまえにおこなわれる「値札付け」に注目した。すでにみたように、商品交換をおこなうさいには必ず値札付けがおこなわれている。マルクスはなによりもまず、この値札の必要性から貨幣が生まれてくると考えたのである。このように、貨幣を「値札付け」から説明することによってこそ、貨幣の力の秘密は明らかになる。

では、値札の必要性からいかにして貨幣が生成するのだろうか。まず、この問題から考えていくことにしよう。

値札の謎

商品には値札が付けられている。これはあまりに当然のことだと思うかもしれない。だが、値札について理解するのは実はかなりむずかしい。じっさい、マルクスが値札の問題をあつかった価値形態論は、マルクスが『資本論』を書くときにもっとも苦労した箇所の一つであり、内容からみても最難関だといえるだろう。だから、以下では、正確さをいくぶん犠牲にして、できるかぎりわかりやすく説明していこうと思う。[11]

前章でみたように、人格的紐帯《ちゅうたい》が解体されている資本主義社会では、労働生産物を互いに価値として関連させることなしには、社会的分業を成立させることができない。だから、労働生産物は価値物として、すなわち商品として社会的にやりとりされることになる。だが、労働生産物を価値物として互いにやりとりするといっても、価値は交換力という「社会的な威力」であり、そのままで目に見えるものではない。だから、私的生産者たちが生産物を互いに価値物としてやりとりするには、その生産物の価値を目に見える形で表現する必要がある。これを可能にするのが値札である。

では、値札による価値表現はいかなるメカニズムによって成り立っているのだろうか。次に考えなければならないのはこの問題である。

11　以下の説明では、価値表現をつうじて、私的な具体的有用労働が価値において抽象的人間的労働という社会的形態を獲得することについては省かれている。この点も含めた価値形態論の正確な説明については、拙著『マルクスの物象化論』（堀之内出版、二〇一一年）、第四章第三節を参照されたい。

だが、この問いは奇妙に聞こえるかもしれない。というのも、現実の値札を見れば、それは自明に思えるからだ。たとえば、一冊の本に一〇〇〇円という値札が貼られていたとすれば、この値札に一〇〇〇円と書かれていることによってこの本の価値が表示されている。このことは自明ではないか。そう考えるのがふつうだろう。

しかし、そもそも一〇〇〇円というときの「円」とはなんだろうか。不換制に移行した現在ではもはや当てはまらないが、もともと円というのは金の重さの単位である。[12]具体的にいうと、戦前の金本位制の時代には、一円は七五〇ミリグラムの重さの金を意味する単位であった。だから、ある本に一〇〇〇円という値札が貼られているのなら、それは「この本の価値は七五〇グラムの金に等しく、七五〇グラムの金を持ってくればこの本を手に入れることができる」ということを意味したのである。

そうすると、商品の値札は、もともとは金の重さによってその商品の価値の大きさを表示するものだったということになる。だが、これはじつに奇妙なことである。というのも、**価値という社会的な力を金という物質によって表示している**ことになるからだ。いったいなぜ、直接には物質と関係ない社会的な力を、特定の物質によって表現できるのだろうか。

資本主義社会に生きる私たちにとっては、「金はなにか特別に『価値』があるものだ」という固定観念が染みついているので、ひょっとすると、価値が金という物質に

5kgの米 ＝ 1着のシャツ

よって表示されることをとくにおかしいとは思わないかもしれない。そこで、値札に表示される物質を金以外のものに変えて考えてみよう。じっさい、人類は金や銀を貨幣として使用する以前は、じつにさまざまな生産物を、価値を表示するために用いていたのだから、金以外の物質を考えてもよいはずだ。そこで、値札にシャツを書き入れてみよう。これを等式で表現すると、上の図のようになる。左辺に書かれているのが値札が貼られているものであり、右辺に書かれているのが値札に書かれているものである。したがって、この等式は、五キログラムの米の価値が一着のシャツと書かれた値札によって表現されているということを意味している。つまり、五キログラムの米の社会的力が一着のシャツという物質によって表現されているということである。社会的なものを物質で表現することなどふつうに考えるとできそうもない。どうしてこんなことが可能なのだろうか。これが値札の謎である。

12 なお、現代の不換制をどう考えるかということは、かなり発展的な問題なので、おもに『資本論』第一巻の内容を扱う本書では取り上げることができない。

以下では、この等式をもとにして値札の謎を解いていくことにしよう。なお、この値札の謎を考える場合には、両辺の物質の量は問題にならないから、簡略化のためにこの等式を米＝シャツとしておく。

値札の謎を解く

みてきたように、米＝シャツという等式は米の価値表現であり、米の価値がシャツという物質によって表現されていることを意味している。だから、シャツは米が自分の価値を表現するための材料として機能している。どうしてこういうことが可能なのだろうか。

商品として売りに出すために、米にシャツと書かれた値札を貼り付けるとしよう。そうすると、この場合、シャツを持っている人はシャツを差し出せば、米を手に入れることができる。

だが、すでに前章でみたように、米とシャツとは使用価値としてはなんの共通性もないのだから、これらの物どうしが互いに関連し合うことができるのは、人間たちが両者を価値物として扱うかぎりにおいてであった。だから、シャツは米と同じように商品でなければならない。つまり、私的労働による生産物でなければならない。というのも、人間たちは私的労働の生産物だけを商品として、価値を持っている物として扱うからである。このように、人間が米の値札に書き入れる物体は、米と同じように価値を持った商品でなければならない。

だが、これは米の価値をシャツによって表現するための必要条件でしかない。シャツが商品であり、価値を持っているとしても、米と同じように、シャツの価値はそのシャツを見ただけではわからない。だから、シャツが商品であるというだけでは米の価値をシャツによって表現することはできない。では、米は自分の価値を、同じように価値を持っているシャツによっていかに表現するのか。**米が自分にシャツを等置し、シャツにたいしてそれを「価値を体現するもの」とするようにして関わることによってである。**

米にシャツと書かれた値札を貼り付けるならば、米は、シャツにたいして「このシャツを持ってきたら自分と交換できるもの」、すなわち自分の**等価物**として自分に等置していることになる。それゆえ、シャツは自らに値札を貼ることなく直接に価値として通用することができる。また、米の側からみれば、シャツは等価物としての意義しか持っていない。なぜなら、米がシャツを自分に等置したのは、ただ自分の価値を表現するためにすぎず、シャツが持つ価値物としての側面だけが問題になっているからだ。ここでは、シャツは米の価値表現のたんなる材料にすぎず、価値物としての意義しか持っていない。このように、米は自分の価値を表現するためにシャツを自分に等置することによって、シャツにたいしてそれを「直接に価値物として通用し、価値物としての意義しか持たない物」とするようにして関わることができるのである。

この関係の内部では、シャツは価値物としての意義しか持っておらず、シャツという物体のままでいきなり価値として通用する。つまり、シャツという物体じしんが価値を体現するものとなっているのである。このような性格を与えられた商品のことを**価値体**という。米はこの価値体としてのシャツによって自分の価値を表現するのである。また、価値体となっている商品は、左辺の商品の等価物とされることによって価値体になることができたのだから、左辺の商品にたいして**直接的交換可能性**を持つ。この場合では、シャツによって米を手に入れることは必ずできる。他方、米によってシャツを手に入れることはシャツの持ち主が同意しない限りできない。

以上の説明では、あまりに理屈っぽく、抽象的なので、ピンとこない人もいるだろう。そこで、おそらく小学生のとき理科の実験でやった記憶があると思うが、天秤を使って砂糖の質量を量るというケースを考えてみよう。

砂糖は一つの物体だから質量を持っているが、この質量は砂糖を眺めただけではわからない。だが、天秤を使えば、質量を持つ他の物体を基準にして、砂糖の質量を量ることができる。たとえば、ある一定の体積の鉄片を基準として砂糖の質量を量るとしよう。砂糖と同じように、この鉄片の質量も眺めただけではわからない。だが、砂糖の質量を量るために鉄片を天秤にのせるならば、この鉄片は「質量以外のなんの意義も持たないもの」という性格を受け取っている。つまり、この関係の内部では、鉄片が持つ他の属性はどうでもよく、それはただ質量を持つ物としての意義しか持っていない。だから、ここでは鉄片はその物体のままで質量を表すものになっている。この質量の代表物としての鉄片を使って、砂糖の質量を表すことができるのである。たとえば、この砂糖が三つの鉄片と釣り合うのなら、この砂糖は鉄片三つぶんの質量であるということができる。

価値体の場合も、この鉄片と同じである。鉄片がその物体のままで質量の代表物であるように、値札に書かれた商品（この場合ではシャツ）はその物体のままで価値の代表物なのであり、この価値の代表物によって価値を表すことができるのである。

価格は一般的な価値表現である

さて、以上によって値札の謎は解き明かされた。ある商品は他の商品を自分に等価物として等置し、価値体にすることによって自分の価値を表示しているのであった。だが、これはいまだ完全な価値表現ではない。というのもこの場合、米の所持者はシャツの所持者にたいして米の価値を表示したにすぎないからだ。価値はほんらい、あらゆる私的労働の生産物を相互に関連させるためにあたえられる社会的力なのであるから、これでは本当の価値表現とはいえない。

だから、米＝シャツという等式をさらに発展させなければならない。米＝シャツという価値表現においては、シャツはたんなる価値表現の材料にすぎないのだから、それが価値物であればなんでもよかった。だから米以外のあらゆる商品を右辺におくことができる（次頁の右の図）。

この展開された価値表現においては、あらゆる商品が関連している。米の生産者は、シャツがほしいときには値札にシャツと書き、靴がほしいときには靴と書き、こうして米とあらゆる商品を交換することが一応は可能である。

しかしながら、この価値表現もやはり不十分である。諸商品がそれぞれバラバラな価値表現を持っているだけであり、価値表現が統一的なやり方でなされていないからだ。じっさい、米の生産者が必要とするすべての商品をいちいち値札に書き込み、米の価値を表示し、互いにやりとりすることなど現実には不可能であろう。

そこで、あらゆる商品に共通な統一的な価値表現が必要となる。米があらゆる商品と交換されているケースを考えるならば、この交換関係のなかには展開された価値表現とは逆の価値表現が潜んでいることがわかる。つまり、米がほかのあらゆる商品で自分の価値を表現するのではなく、逆に、米以外のあらゆる商品が米によって自分たちの価値を表現するという価値表現である（次頁の左の図）。

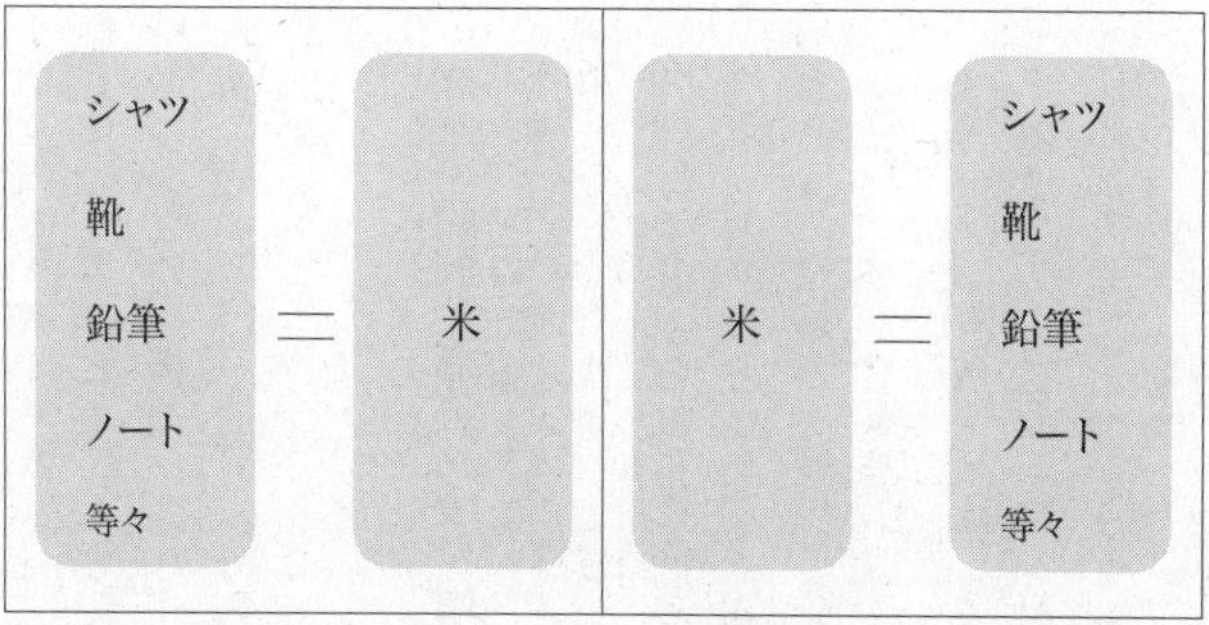

この価値表現においては、米以外のあらゆる商品にとって統一的な価値表現が成立している。米以外の商品は米を共通の等価物とすることによって、共通の価値表現を獲得しており、米を媒介として互いに価値として関連し合っている。このような価値表現のことを**一般的価値形態**といい、共通の等価物のことを**一般的等価物**という。

　ここではたまたま米が選ばれているが、現実の歴史においては、人類は一般的等価物として金を選び出した。一般的等価物が金に固定化すると、金は**貨幣**になる。貨幣による商品価値の表現のことを**価格**という。価格こそは、価値にもっとも適合する一般的な価値表現なのである。

　米にシャツと書かれた値札が貼られている場合、シャツは米にたいする直接的交換可能性を持っている。すなわち、シャツを持って行けば必ず米を手に入れることができる。だが、米以外の商品にたいしてはそう

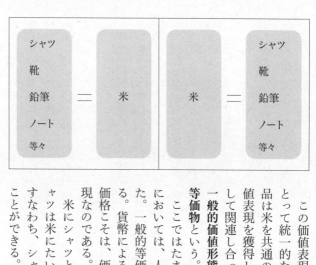

した力を持っていない。ところが、価格による価値表現の場合には、あらゆる商品の値札に金と書かれているのだから、金はあらゆる商品にたいして直接的交換可能性を持つ。つまり、貨幣はあらゆる商品を手に入れることができる力を持っている。他方、商品の持ち手は、貨幣の持ち手がそれを欲しいと思わないかぎり、貨幣を手に入れることはできない。

なぜ一般的等価物は金に固定化するのか

これまでは値札の必要性から貨幣の問題を考えてきた。だが、まだ解決されていない問題がある。それは、なぜ一般的等価物が金に固定化するのかという問題である。この問題は人間たちによる商品交換のプロセスを考えることによって解くことができる。

当たり前のことだが、人間たちが商品を交換しあうのは、必要な物を手に入れるためである。だから、人は自分が必要な商品を持っている人に商品交換をもちかける。ところが、ここで困難が生じる。交換相手が自分の持っている商品を欲しいと思わないかもしれないからだ。

これまでみてきたのは、私的生産者が労働生産物を互いに関連させるには、それらを価値物としてあつかう必要があるということであった。だが、じっさいの交換においては、互いが持っているものが価値物であるからといって交換がおこなわれるわけではない。商品の持ち手が互いに相手の商品を欲する場合にだけ交換がおこなわれる。しかし、考えてみればすぐわかるが、このようなケースは非常にまれである。これでは、多様な商品を大量に取引することはできないことになる。

じつは、この困難はすでに解決されている。というのも、そもそも労働生産物を価値物として関連させるには、価値が一般的価値形態をとらなければならなかったからである。つまり、一般的等価物以外のあらゆる商品の値札に一般的等価物を書き入れることによって、価値を表現しなければならない。だから、商品所持者はいきなり自分が欲しいとおもう商品の所持者に交換を持ちかけるのではなく、一般的等価物の所持者全員にたいして価値を表示し、このうちの誰かと交換をおこなえばよい。そのうち、彼は必要な商品を一般的等価物によって手に入れればよいのである。

このようなやりとりが安定して成り立つためには、一般的等価物はなにかの商品に固定されていなければならない。それは、さしあたりなんでもよいが、人類は交換を繰り返していくなかで一般的等価物にふさわしい商品を選び出した。それが金である。なぜなら、金はどの一片をとっても均質であり、任意の量的分割が可能であり、合成することができるという自然属性を持っているので、一般的等価物という社会的機能をもっとも良く果たすことができるからである。しかも、金は少ない体積で大きな価値を表すことができるし、さびづらく蓄蔵にも適している。こうして一般的等価物は金に固定化し、貨幣になる。

貨幣は新たな欲望を生み出す

以上の説明によって、貨幣が持っている大きな力の秘密が解き明かされた。貨幣は、商品の価値を表現するために必要な一般的等価物が、金という物質に固定化されたものである。だから、貨幣が持っている、どんな商品とも直接に交換することのできる力とは、一般的等価物としての力にほかならない。

それゆえ、プルードンが望んだように、商品生産を残して、貨幣だけを廃絶することは絶対にできない。商品が残っているかぎり、その価値を表現しなければならず、一般的等価物をなくすことはできないからだ。むしろ、貨幣の力は、商品生産にもとづいているのであり、生産物が商品化されていけばいくほど、貨幣の力がおよぶ範囲は広くなり、貨幣の重要性は増していくのである。[13]

商品生産によって貨幣が生み出されることによって、商品生産関係はいっそう発展する。特徴的なものだけを簡単にみておこう。

第一に、価格による価値の表示は、じっさいの価値の大きさから乖離《かいり》した価値の表示を可能とする。現実の市場をみれば明らかだが、たとえ価値が不変だとしても、商品価格は絶えず上下する。このような価値と価格の乖離によってはじめて、需要と供給を調整して社会的分業を成り立たせることができるのである。

価値と価格の乖離が極端になるのは、労働生産物ではないものに価格がつけられる場合である。たとえば、土地は労働生産物ではないが、価格がついている。あるいは、地位や名誉に価格がついている場合もあるだろう。貨幣は商品の価値を表示するために必要とされたものであるにもかかわらず、ほんらい商品でないものを商品にすることのできる力を持っている。

このように価値の大きさと価格は原則的に一致するものではないが、これ以降の考察では、説明を簡単にするために、価値の大きさと価格は一致するものと仮定しておこう。

第二に、商品を直接に交換しあうのではなく、貨幣を流通手段として用いることによって、多様かつ大量の商品の交換が可能になる。

だが、他方で、あらたな問題が生まれてくる。購買と販売の分離である。貨幣によ

13　それゆえ、貨幣の力は生産物の商品化の程度に依存している。私たちが、商品に依存しなければならない社会であればあるほど、貨幣の力は強力であり、逆に、自給自足的生産や福祉国家の現物給付などによって商品にそれほど依存しなくてよい社会であれば、貨幣の力は相対的に弱い。

って商品を手に入れることが購買であり、商品によって貨幣を手に入れることが販売であるが、両者はまったく異なった行為である。貨幣は直接的交換可能性を持っているのだから、自分が欲する商品が市場にあり、その商品価格と同じだけの貨幣が手元にあれば購買は必ず可能である。ところが、販売はそうではない。ある商品を販売できるかどうかは、不確実である。

また、商品を売って貨幣を手に入れた人はその貨幣をすぐに使う必要はない。だから、社会全体でみても大量の商品が売れ残る可能性が生まれる。

さらに、資本主義社会では信用が発展する。つまり、手形を使って、貨幣の支払いをあとまわしにし、商品を先に譲渡するということがおこなわれる。これによって、貨幣なしの購買が可能になり、商品流通はいっそう発展する。だが、他方で、いったんどこかで信用が破綻すると、連鎖的に販売不能に陥ってしまうという新たなリスクが生まれる。

第三に、貨幣は新たな欲望を作り出す。もともと労働生産物を価値物として扱ったのは、他人が持つ労働生産物を手に入れるためであった。つまり、そこでは他人が持つ使用価値を手に入れることが問題なのであり、価値はこの交換を媒介する役割を果たすにすぎなかった。ところが、貨幣が登場すると、使用価値ではなく、価値という社会的力そのものにたいする欲望が生まれる。というのも、貨幣は価値の体化物であり、どんな商品も手に入れることができる力を持っているのだから、これをポケットに入れておけば、いつでもどこでもこの社会的力を行使できるからである。使用価値にたいする欲望は、使用価値によって制限されていた。つまり、使用価値の場合には、欲望の対象とする範囲には限りがある。たとえば、どれだけ食欲があろうと、一日に消費できる食料には限度がある。

ところが、貨幣にたいする欲望には際限がない。貨幣はどんな商品も手に入れることができるばかりか、商品でないものさえ商品にすることができる、非常に抽象的な社会的力であり、どれだけそれを持とうと持ちすぎることはない。こうして、貨幣にたいする飽くなき蓄蔵欲求が生まれる。人間の欲望は、生活に必要な物を手に入れるというものから、富一般の蓄積をひたすらに追求するものへと変化してしまうのである。[14]

14　それゆえ、貨幣は人々を商品生産へと駆り立てる力を持つ。なぜなら、貨幣にたいする欲望が生まれると、人々は貨幣を手に入れるために生産物を商品として販売しようとするからである。他方、すでにみたように、商品生産が広がるとそれだけ貨幣の力は強力になるのだから、貨幣にたいする欲望もいっそう増大し、商品化を促す力もさらに強くなる。いまだ商品への依存度が低い社会では、商品化を促す貨幣の力は比較的抑制されているが、すでに多くの生産物が商品化され、貨幣の力がすでに強力である社会では、商品化を促す貨幣の力も強力なものとなる。

もともと価値は私的生産者が社会的関係を打ち立てるために無自覚のうちに生み出したものであった。だから、それを理解するためには込み入った考察が必要だった。ところが、価値が貨幣として物体化すると、今度は私たちの意識や欲望のあり方に大きな影響を与え、それをまったく違うものに変えてしまう。もともと人間が持っていたものとは異なった意識や欲望が、人間の創造物である貨幣によって作り出されるのである。このような意識や欲望はいずれ、資本を生み出さずにはいないだろう。

物象化は物象の人格化を生み出す

本章のまとめとして、**物象の人格化**について説明しておこう。

これまでの考察からわかるのは、商品生産関係にはかならず貨幣が必要だということである。つまり、人間たちが労働生産物を商品として、すなわち価値物として扱うかぎり、彼らの意識や欲望とは関わりなく、価格による価値表現がかならず必要となる。それゆえ、この価格による価値表現は、商品じしんの側の論理にしたがって、おこなわれていると考えることができる。ゆえに、マルクスは価値表現を必然とする商品じしんの論理を「**商品語**」と呼んだ。商品は人間の意志や欲望とはことなる独自の論理、すなわち価値の論理を持っており、これが貨幣を生み出すのである。じっさい、人間たちが一般的に労働生産物を商品としてやりとりしている社会では、その社会がどんな文化を持とうと、どんな気候条件のもとでどんな言語を用いていようと、かならず一般的等価物が存在する。値札の問題について説明するとき、しばしば商品が主体となり、擬人的に描かれたのは、こういう理由からであった。

前章でみたように、人間たちが私的労働にもとづいて社会的分業を成り立たせている社会では、人間ではなく、むしろ労働生産物が社会的力を持つのだから、人間と労働生産物の関係が転倒してしまう。このような物象化された関係が現実に成立しているからこそ、商品じしんが主体となってつくりあげる論理、すなわち商品語について語ることができるのである。物象化された関係においては、人間たちは、しらないうちに自分たちの行動を制約する価値の論理を作り出しており、これにしたがって行為せざるをえない。

しかし、いくら物象化された関係においては商品が主体となっているといっても、現実に商品を市場に持ち寄り、交換をおこなうのはやはり人間でしかない。人間が、他人が持っている商品を手に入れたいという欲望を持たなければ、そもそも労働生産物が価値を持ったり、その価値の表現が必要になるということはない。だから、人間たちは、価値はかならず価値表現を必要とし、価値表現は一般的等価物を必要とするという価値の論理に制約されながらも、自分たち自身の行為によって交換をおこない、この交換をつうじて一般的等価物を金に固定化する。だから、一般的等価物が金に固定化し、貨幣が生まれることを説明するさいには、値札だけではなく、人間の交換行為について説明することが必要となったのであった。

物象化された関係においては、人間たちは、商品や貨幣などの物象の人格的担い手としてしか互いに社会的関係を取り結ぶことができないという意味で、物象によって制約された存在である。しかし、人間たちは、物象の人格的担い手でしかないとはいえ、自分たちが持つ意志と欲望にもとづいて主体的に交換関係を取り結ぶ。このように、**人間たちが物象の人格的担い手として行為する事態を、マルクスは物象の人格化と呼んだ**のである。

貨幣が人間のなかに新たな欲望を生み出したように、人間たちは物象の人格的担い手として行為することによって、モノにたいする欲望のあり方や生産手段にたいする振る舞い、さらには人格どうしの承認のあり方すら変質させてしまう。私的労働をいとなむ人間たちが無意識のうちに作り出した価値の論理が、今度は、人間たちの欲望や労働の仕方、人間性までも変えてしまうのである。これらのことはこの後の章で詳しく説明するが、さしあたり次の二点だけをあらかじめ指摘しておこう。

第一に、人間たちが物象の人格的担い手として行為することによって、所有のあり方が変化する。物象化された関係においては、物象の力によることなしには、物を所有することが認められなくなる。

第二に、物象の人格的担い手としての「自由、平等、所有」を人間ほんらいの自由、平等、所有だと考える幻想が生まれてくる。つまり、物象の担い手としては誰もが平等であること（お金を持っていれば誰でも商品を買うことができる）、物象の担い手としては誰もが自由であること（市場で自由に商品を選択することができる）、物象の担い手としてだけ所有が認められること（貨幣を所有するためには商品を売らなければならず、商品を所有するためには貨幣を支払わなければならない）こそが、ほんらいの「自由、平等、所有」であると考え、それを理想化するような幻想である。このような幻想のことを**ホモ・エコノミクス幻想**という。

この二つの点については、第7章で詳しくみることにしよう。

［コラム］貨幣崇拝と文学

『資本論』には、文学作品（シェイクスピアやゲーテ、バルザックなど）の引用やパロディが多数登場し、叙述に精彩を与えている。人間の欲望のあり方そのものを根底から変質させてしまう貨幣の強力な力について述べた箇所でも、文学からの引用が効果を上げている。以下に、その一部を引用しておこう。

「金か！　黄金色にきらきら輝く貴重な金貨だな！　……これだけの金があれば、黒を白に、美を醜に、邪を正に、卑賤を高貴に、老いを若きに、臆病を勇気に変えることもできよう。……神々よ、どういうことだ、これは？　どうしてこれを？　これはあなたがたのそばから神官や信者たちを引き離し、まだ大丈夫という病人の頭から枕を引きはがす代物だ。この黄金色の奴隷めは、信仰の問題でも人々を結合させたり、離反させたりし、呪われたやつらを祝福し、……盗賊を立身させて、元老院議員なみの爵位や権威や栄誉を与えるやつなのだ」（シェイクスピア『アセンズのタイモン』）

「まったく、人の世の習いにも、金銭ほど、人に禍をなす代物はない、こいつのために町は亡ぼされ、民は家から追い立てられる。この代物が人間のまともな心を迷いに導き、ねじまげて、恥ずべき所業に向かわせ、人々に邪悪の道を踏みならわせては、見境なしに不敬の業へさそい込むのだ」（ソフォクレス『アンティゴネー』）

第4章　賃労働と資本

他人の勤勉の生産者として、剰余労働の汲出者および労働力の搾取者として、資本は、エネルギー、無節度、および効果の点で、直接的強制労働にもとづく従来のすべての生産体制を凌駕している。

（『資本論』第一部第九章剰余価値の率と総量）

本章からは、いよいよ本書のテーマである賃労働について考えていくことにしよう。何度も述べてきたように、賃労働は歴史的に特殊な働き方の一つでしかない。にもかかわらず、現代の私たちは労働を賃労働と同じものだと考えてしまいがちである。じっさい、私たちは日常的に「働く」という言葉を使う場合、ほとんど賃労働と同義で使っている。たとえば、就職せずに家で家事だけをおこなっている人にたいして、多くの人は「彼は働いていない」と考えるだろう。だが、たとえ家事労働であっても、人間と自然との物質代謝の意識的媒介であることには変わりなく、本来の意味からすれば労働といわれてしかるべきである。賃労働だけを労働とみなす観念が、このような簡単なことを見えなくさせている。

また、賃労働を労働と同一視することは、賃労働の特殊性を見失わせ、それにたいする問いを封じ込めるだろう。もし賃労働が労働と同じであれば、人間が賃労働をすることは当然だということになるからだ。

だから、さしあたり重要なのは、賃労働に固有な特徴について示すことであり、それがなぜ成立しているのかを明らかにすることである。

そこで、本章では、賃労働とほかの労働をわけるもっとも本質的な特徴についてみていくことにしよう。

賃労働が売るのは労働ではなく、労働力である

賃労働とはなんだろうか。

誰でもわかるのは、それが誰かに雇われておこなわれる労働だということだ。労働者が誰かに労働を提供し、その対価として賃金を受け取る。これが、賃労働にたいする一般的なイメージだろう。

このようなイメージはけっして間違いではない。だが、にもかかわらず、このようなイメージによっては賃労働を正しく理解することはできない。どういうことだろうか。

私たちの日常的な感覚からすれば、賃労働者が提供するものは労働である。たとえば、私たちが時給一〇〇〇円で八時間のあいだ働く場合、自分がおこなう八時間の労働の対価として八〇〇〇円を受け取っていることは明らかであろう。だからマルクス以前の経済学者は、賃労働者が売っているものは労働だと考えていた。

しかし、マルクスは、労働者が売っているものは、日常的には労働というかたちをとっているが、じっさいには労働ではないと考えた。本質的には、賃労働者は労働の対価として賃金を受け取っているのではなく、自分の**労働力**を売り、貨幣を手に入れ

ているとと考えたのである。

労働を労働力という言葉に置き換えることにどんな意味があるのかと不審に思う人もいるかもしれない。だが、この両者を区別することには重要な意味がある。

たとえば、自動掃除機を買う場合を考えてみよう。私たちが電器屋で自動掃除機を買ったのなら、この自動掃除機をどのように処分するかはまったく自由である。私たちはこの自動掃除機を使って掃除してもよいし、あるいは、まったく使わずに捨ててもよい。なぜなら、私たちは自動掃除機を買ったのであり、自動掃除機が掃除をするということを買ったわけではないからだ。つまり、私たちが買ったのは自動掃除機にたいする処分権であって、この自動掃除機がおこなう掃除そのものではない。じっさい、私たちはいったん自動掃除機を買ってしまえばその自動掃除機を自由に使うことができるのであり、その自動掃除機を使って掃除するたびに、その自動掃除機の売り手にたいしていちいち掃除という働きへの対価を払ったりはしない。掃除は、あくまで自動掃除機という商品を買ったあとにおこなう商品の使用価値の消費にすぎない。

労働力を買う場合もこれと同じである。雇い主が労働力を買ったのであれば、つまり、誰かを雇い、一定の時間のあいだその人の労働力を利用する権利を得たのであれば、この労働力をどのように処分するかは自由である。雇い主は労働力をじっさいに使用して工場で働かせてもよいし、まったく働かせなくてもよい。雇い主が労働力を買ってじっさいに働かせるなら、自動掃除機に掃除をさせる場合と同じように、商品の使用価値を消費していることになる。ここでは、労働は労働力の消費としておこなわれるにすぎない。じっさい、いったん労働力を買ってしまえば、その消費である労働にたいして支払いをする必要はない。それは私たちが自動掃除機に掃除をさせる場合に、その掃除にたいして支払いをする必要がないのと同じである。

雇われる側からみても、事情は同じである。この関係の内部では、私たちは雇われたあとに、すなわち労働力を販売したあとに、雇い主から命令されてはじめて労働することができるのだから、労働を自分自身の意志で処分することはできない。私たちは自分が処分できないものを売ることはできない。ここで、私たちが処分することができるのは労働ではなく、労働力である。実際、私たちは雇われた後にどんな仕事をどのように行うかを自分で決めることはできないが、どんな会社に就職するかは、すなわち誰に労働力を販売するかは自分の意志で決めることができる。

とはいえ、先ほどの自動掃除機のような普通の商品とは違う点もある。それは、労働力はその所持者の人格と分離することができず、その販売は時間決めでおこなわれる、ということだ。もし労働力を自動掃除機のようにモノとして販売してしまえば、労働力の売り手はその買い手の奴隷になってしまう。そうすると、労働力の売り手は二度と自分の労働力を商品として売ることができなくなる。だから、労働力商品の販売は期間決めの販売というかたちでおこなわれる。わかりやすく言えば、労働力のレンタルだと言ってよいだろう。

労働力の販売は、時間決めの販売であるから、その利用の仕方にも限界がある。たとえば、レンタルショップでCDを借りる場合、CDを借りているあいだはCDを自由に使用することができるが、それはあくまでもCDを破損させない範囲でしかない。CDの借り手は、ある時間内でのCDの使用権を持っているだけであり、この時間がおわればCDを貸し手に返さなければならない。同じように、労働力の買い手は、基本的には自由に労働力を使用することができるが、労働力を破損させない範囲でそれを使用しなければならない。CDの借り手と同様に、労働力の買い手は、労働時間がおわったあとに、労働力を労働力の所持者に返さなければならないからである。とはいえ、現実の資本主義的生産においてはこの原則はたえず侵害されている。このことについては、後でみることになるだろう。

以上から、**賃労働者が販売しているのは労働力であり、賃金が労働の価格ではなく、労働力商品の価格であること**がわかった。また、**賃労働とは、労働力商品の買い手がそれを消費するさいに労働力商品の売り手によっておこなわれる労働であること**も明らかになった。

もちろん、賃金は日常的には労働の価格というかたちをとって現れる。労働力商品の場合、商品を消費することがその商品の売り手による労働の提供というかたちをとるので、日常的な意識には、商品の譲渡と消費が融合して現れる。さらに、賃労働者が労働のあとに賃金を受け取るという事情も、このような現れをいっそう強固にする。こうした事情が、労働力の買い手による労働力商品の消費として賃労働がおこなわれることを見えづらくしているのである。

資本とは自己増殖する価値である

さて、これまでのところで賃労働者が売っているものについては理解できた。では、賃労働者から労働力を買うのは誰なのだろうか。

答えは資本家である。資本家について理解するには、資本について理解することが必要なので、しばらく資本について説明することにしよう。

これまでの説明で想定されてきた商品売買は基本的に「買うために売る」であった。ある人は自分の生産した商品を売り、貨幣を手に入れ、この貨幣で自分の欲しい商品を手に入れる。

W ── G ── W (W＝商品、G＝貨幣)

しかしながら、前章で見たように、人々が商品交換に貨幣を使うようになると、新たな欲望が芽生えてくる。つまり、たんにある使用価

値を手に入れるための手段として貨幣を欲するのではなく、貨幣そのものを欲望の対象とし、それをできるだけ多く蓄積しようとする欲望が生まれてくる。

はじめは、貨幣の蓄蔵は、できるだけ勤勉に働き、できるだけ節約することによっておこなわれる。つまり、できるだけ多く販売し、できるだけ少なく購買するというやり方である。しかし、このやり方はすぐに限界にぶつかる。ほんらい、貨幣は使うことによってはじめてその力を発揮することができるのに、使わないことによって蓄積しようとするやり方だからである。そこで、もっと効率のよい、合理的なやり方が追求される。それは「売るために買う」である。

$$G — W — G'$$

$$(G' = G + \Delta G)$$

ある人は、所持している貨幣で商品を買い、それから商品を売り、ふたたび貨幣を手に入れる。このとき、貨幣量ははじめに持っていた貨幣量よりも増大している。

このやり方の特徴は、価値の増大が過程じたいの目的になっているということだ。もちろん、「買うために売る」場合でも、勤勉と節制によって貨幣を蓄積することは可能だった。しかし、そこでは自分が生み出した価値を使わずに貯め込んでいるだけであり、過程のなかでは価値は増大していない。ところが、「売るために買う」という過程においては、もともとあった価値がこの過程のなかで増大する。つまり、**価値じしんの力によって価値が増える**のである。

ここでは、これまでのように価値がたんに交換の媒介として必要とされているのではない。むしろ、**価値がこの過程の主体となり、自らの力によって増殖している。このような自己増殖する価値のことを資本という。**もちろん、商品や貨幣と同じように、資本もまた、「売るために買う」という行為をじっさいに遂行する人格的担い手を必要とする。この**資本の人格的担い手のことを資本家という。**

資本家は節制するのではなく、むしろ、積極的に貨幣を流通に投げ入れることによって、より多くの貨幣を手に入れる。価値によって価値を増やすのである。しかし、「売るために買う」というこのやり方には大きな困難がある。それは、等価交換によっていったいどのようにして価値を増大させることができるのか、ということだ。もちろん、ほんらいの価値よりも大きな価格で商品が売れることもあるだろうが、それは偶然的なケースでしかなく、社会全体としては成り立たない。だから、価値どおりの等価交換を前提としたうえで、どのようにして価値が増大することができるのかを考えなければならない。資本家はいかにしてこの困難を解決しているのだろうか。

じつは資本家は、労働力商品を購買し、消費することによって、価値を増殖させているのである。というのも、労働力こそは価値を生み出すことができる唯一の商品だからだ。このことを詳しくみてみよう。

労働力の価値は労働力の再生産費に対応する

すでにみたように、賃労働者が資本家に売るものは労働力であった。ここでは、労働力は一つの商品であり、他の商品と同じように、市場で売買されている。したがって、労働力は価値と使用価値を持っている。

まず、価値の面からみてみよう。

賃労働者は、自分が持つ労働力を商品として売りに出し、それによって生活に必要な貨幣を手に入れようとする。しかし、そもそも彼はなぜ自分の労働力を商品として売りに出さなければならなかったのだろうか。そのための条件は二つある。

第一に、これまでみてきた私的生産者と同じように、賃労働者はなにかの人格的なつながりに依存して生きているのではなく、商品や貨幣などの物象の力に依存して生きている。もし彼が奴隷や農奴であったとすれば、彼は自分の労働力を売らずにすんだだろう。彼は主人や領主に人格的に従属し、既存の秩序に縛り付けられているが、生存は保証されているからだ。これにたいし、賃労働者は人格的な支配から自由であるかわりに、自分で貨幣を手に入れ、それによって生活を賄わなければならない。

第二に、賃労働者はほかの商品を生産する手段を持っていない。誰でも、労働力以外の商品を生産するには、原料や労働用具などの生産手段が必要である。また、生産物が完成してもじっさいに売れるまでには時間がかかるのだから、そのあいだ生活していくための蓄えも必要である。これらの生産条件を持っていなければ、商品を生産することができず、労働力以外の商品を売ることはできない。だからこそ、賃労働者は自分の労働力を商品として売りに出すことを迫られるのである。

では、このような条件のもとで、賃労働者によって売りに出される労働力商品の価値の大きさはどのようにして決定されるのだろうか。このことがとくに問題になるのは、労働力が特殊な商品だからだ。ふつうの商品なら、価値の大きさはその生産に必要な社会的必要労働時間によって決まる。ところが、労働力は労働生産物ではない。どのように考えればよいのだろうか。

第2章でみたように、商品の価値量が社会的必要労働時間によって規定されるのは、それが生産の継続、すなわち再生産にとって必要とされたからであった。労働力の価値の大きさも同じように考えることができる。労働力の価値の大きさは、労働力の再生産可能性によって決まる。では、労働力の再生産可能性とはなんだろうか。それは労働力の所持者である人格の維持にほかならない。だから、労働力の価値の大きさは、労働力の所持者の維持に必要な生活手段の価値の大きさによって規定される。つまり、労働力の再生産に必要な商品の生産に社会的に必要な労働時間によって規定される。端的に言えば、労働力の価値は労働力の再生産費に対応するといえるだろう。

労賃は、時間賃金であれ、出来高賃金であれ、この再生産費を時間あたり、あるいは出来高あたりで表現したものにすぎない。労働力の一日の再生産費が一万円であり、時給制で一〇時間働くとすれば、時給一〇〇〇円ということになる。また、出来高賃金の場合も同じように、一日の標準的な生産量で一万円を割ったものが生産物一つあたりの賃金となるだろう。[15]

労働力の再生産費のなかには、賃労働者個人の再生産費だけでなく、彼が職業的技能を身に付けるために必要とした修業費、さらには子どもを育てるための養育費が含まれる。

また、労働力の再生産に必要な生活手段はけっして固定的なものではない。それは労働力の所持者が正常な状態で生活していくのに足るものでなければならず、彼が住

15　出来高賃金の場合は、それが労働の対価であるという観念はさらに強固になる。しかし、賃労働者が出来高賃金制のもとでどれほど勤勉に働いたとしても、全体として自分たちの再生産費以上の賃金を受け取るということはありえない。なぜなら、そのような場合、資本家は出来高あたりの賃金を引き下げるだろうからである。だから、まだ資本の権力が確立されていなかった時代には、賃労働者たちは、出来高賃金であったとしても、自分たちの再生産費を稼ぐより多くは生産しようとしなかった。というのも、そのようなことをしても、あとで賃金が引き下げられることがわかっていたからである。

む地域の気候その他の自然条件によって左右される。また、同じ地域であっても、文化のあり方や欲求の発展の程度によって必要とされるものはことなる。だから、労働力の価値の大きさは、他の商品とはことなり、歴史的かつ社会慣行的な要素を含んでいる。

労働力は自分の価値以上の価値を生産する

次に労働力商品の使用価値について考察しよう。

すでにみたように、労働力商品の使用価値とは労働である。労働力の買い手である資本家は、一定時間のあいだ、賃労働者の労働能力を自由に使用する権利を得ており、この権利をもって賃労働者に労働させることができる。もちろん、実際に労働させるには労働対象および労働手段、すなわち生産手段が必要であり、資本家はこれも市場で手に入れておかねばならない。こうして、資本家は労働力と生産手段を買い、労働力を消費することによって、なんらかの使用価値を持つ新たな生産物を生み出す。

しかし、資本家にとっては、この使用価値がなんであるかはどうでもよい。というのも、彼の目的は価値であるからだ。つまり、その生産物が市場でどれだけの価格で売れるのかだけが問題なのであり、それが他人に欲求されるものであれば、どんな使用価値であろうとかまわない。そこで、労働力による労働と、それによって生み出された価値との関係について考えてみよう。

例として、資本家が一人の労働者を一日だけ雇って、一着の上着を仕立てさせ、それを商品として売るというケースを考えてみよう。この社会では、まだなんの機械化もされておらず、一人の労働者を一〇時間働かせてようやく一着の上着を生産することが可能であるとする。

まず、一着の上着を仕立てるには、布や糸、針などの生産手段が必要である。計算を簡単にするために、ここではこれらの生産手段を一日ですべて使い切るものとしよう。資本家はこれらの生産手段を市場で手に入れるが、その価格がたとえば二万円であったとする。かりに一時間の労働が生み出す価値の価格表現が二〇〇〇円であったとすると、この生産手段の生産には一〇時間の社会的必要労働時間を要したことになる。

次に、資本家は労働市場で一人の賃労働者と労働契約をむすび、労働力を買う。このときの労働力の価格が一万二千円であったとしておこう。つまり、賃労働者が平均して毎日一万二千円の収入で必要なものを買うことができる社会、あるいは、毎日の生活に六時間の労働が生み出す価値をもつ商品を必要とする社会であったとする。

こうして、資本家は必要な生産手段と労働力を三万二千円の貨幣によって買いそろえた後、いよいよ労働力を消費して、労働力の売り手に労働させることができる。一着の上着を仕立てるには一〇時間必要だから、賃労働者は一〇時間のあいだ生産手段をもちいてさまざまな作業をおこない、上着を完成させる。このとき、完成した上着の価値の大きさはどのように規定されるだろうか。

言うまでもなく、上着の価値は上着の生産に必要とされた労働時間によって規定される。上着を生産するには上着の生産手段が必要であったのだから、上着の価値にはこの生産手段の生産に必要とされた社会的必要労働時間が含まれている。この場合では、一〇時間の労働時間が含まれている。つぎに、この生産手段を使って上着を仕立てた労働者の労働が含まれる。この賃労働者は、社会的な平均どおり一〇時間で作業を終えたのだから、一〇時間分の社会的必要労働をしたことになる。だから、合計すると、上着の価値の大きさは二〇時間分の社会的必要労働時間に等しいことになる。これを価格で表現すると、四万円である。

資本家ははじめ、三万二千円の貨幣で生産手段と労働力を買ったが、いまやそれより八千円多い、四万円の価値物を手に入れている。こうして、**彼は等価交換しかおこなっていないにもかかわらず、価値を増殖することに成功した**。この増殖した分の価値のことを**剰余価値**という。彼は、市場で価値どおりに上着を売ることに成功すれば、はじめに使用した三万二千円より多い四万円の貨幣を手にすることができ、八千円の剰余価値を獲得することができるのである。

　どうしてこのようなことが可能になったのだろうか。カギは労働力商品にある。生産手段については、もともとそれが持っていた価値が新たな生産物に移転されただけであり、とくに価値は増えていない。ところが、労働力商品はただ使用価値を生産するだけでなく、価値を生産することができる。先の例では、一〇時間の労働時間によって規定される価値を生産する。**労働力の使用価値である労働によって生み出される価値は、労働力の価値とはまったく異なった大きさである。それゆえ、労働力は自分の価値以上の価値を生産することができるのである。**先の例でいえば、労働力の価値の価格表現は一万二千円であったが、労働力が労働によって生み出した価値の価格表現は二万円である。労働力商品がこのような、価値を生産するという特殊な使用価値を持っているからこそ、資本家は等価交換しかしていないにもかかわらず、価値を増殖することができたのである。逆に、この事態を賃労働者の側からみれば、自分の自由な意志にもとづいて等価交換をおこなったにもかかわらず、自分の労働の成果を搾取されてしまっているということになる。

　労働者が自分の労働力を再生産するのに必要な労働を**必要労働**とよび、さらにそれを超えておこなう労働を**剰余労働**とよぶ。この場合では、必要労働は六時間、剰余労働は四時間おこなわれたことになる。

賃労働者とは生産手段にたいしてそれを資本とするようにして関わることである

しかし、これだけではまだ賃労働について理解したことにはならない。というのも、賃労働者がじっさいに賃労働をおこなうときにどのような振る舞いをしているのかを明らかにしていないからだ。このことは、これまであまり注意されてこなかったことであり、いくぶんむずかしい内容をふくむが、次章以降の内容をきちんと理解するために必要になるので、立ち入って説明することにしよう。

なんども確認しているように、賃労働者が売るのは労働ではなく、労働力である。労働は賃労働者が販売する労働力商品の使用価値であり、資本家は労働力商品を消費することによって労働を手に入れる。それゆえ、賃労働者がじっさいに賃労働をするときには彼はすでに自分の労働力を資本家に売り渡してしまっており、生産手段と同じように、資本の構成部分の一部になってしまっている。その結果、彼の労働は資本の機能としておこなわれ、その労働の成果はまるごと資本家のものになってしまうのである。

ここで問題が生じる。それは、生身の人間の労働という行為が資本という物象の機能となることがどうして可能なのだろうか、という問題である。労働過程一般として考えるならば、賃労働もやはり生産者が生産手段に働きかけることによって遂行する人間と自然との物質代謝の意識的媒介であることには変わりない。それだけをみれば、賃労働はほかのどんな労働とも違わない。しかしながら、他方、賃労働者はこれをもっぱら資本の機能として遂行する。賃労働者自身の人格的機能を資本という物象の機能として遂行するということはいかにして可能なのだろうか。

もちろん、賃労働者が資本の機能として労働をおこなうことを迫られるのは、賃労働者が資本の人格的な担い手である資本家に自分の労働力を売り渡してしまっているからである。しかし、そのことは賃労働者が賃労働をおこなわなければならない理由を説明するとしても、賃労働者がじっさいに賃労働をおこなうときにどのように振舞っているのかを説明するわけではない。自分の労働力を資本家に売り渡し、資本の機能として自分の労働を遂行するには、賃労働者はある特異な関わりを形成しなければならない。では、その関わりとはいったいどういうものなのだろうか。

賃労働者は、賃労働をするさいに、生産手段にたいしてそれを資本とするようにして関わっているのであり、そのことをつうじて自分の労働を資本の機能として遂行しているのである。これだけではあまりに抽象的なので、もう少し具体的にみてみよう。

まず、賃労働者は生きていくために必要な貨幣を手に入れるために、資本家に自分の労働力を売る。このとき、彼は資本家と、たとえば一日一万円で自分の労働力を使用する権利を譲渡するという契約を結ぶ。

それから、彼は資本家の指示にしたがって労働を始める。彼はすでに労働力販売の契約に同意しているのだから、この契約を遂行するために、自分の「自由」な意志にもとづいて資本家の命令に従い、労働する。

だが、賃労働者はただ資本家の命令にしたがって労働するだけでは、資本の機能を果たすことはできない。たとえば、資本家がきまぐれに賃労働者に自分の肩を揉ませたとすれば、たしかに資本家は労働力商品を消費していることにはなるだろうが、賃労働者は資本の機能を果たしていない。資本の価値増殖にはまったく貢献していないからだ。賃労働者が資本の機能を果たすためには、資本家の命令にしたがって労働するだけでなく、生産手段を資本として扱い、資本の価値増殖を実現する必要がある。

そのために必要なのは次の二点である。

第一に、**賃労働者は生産手段を資本のものとして扱い、それを「有益」に消費し、その価値を維持しなければならない。**

賃労働に慣れきっている私たちにとって、生産手段が労働者のものではないことは当たり前のことに思えるかもしれない。しかし、歴史を振り返れば、生産者がふだん自分が取り扱う生産手段を、まったく異なる他人のものとして扱うことは稀であった。独立の小経営を営んでいた農民や手工業者、先祖から生産手段を受け継いでいたギルドの職人たちは生産手段を自分たちの所有物として扱っていた。それだけではない。形式としては生産手段の所有者でなかった古代の小経営奴隷や中世の農奴さえも、生産過程においては事実上、生産手段を自分たちのものとして扱うことができた。[16] つまり、彼らは土地や労働手段をあたかも自分のものであるかのように扱い、比較的自由に労働することができた。古代の奴隷主や中世の領主たちは奴隷や農奴の剰余生産物を収奪して自分たちの支配を維持していくことを目的としており、生産過程にはそれほど関心を抱いていなかったからだ。

ところが、資本主義的生産過程においてはそうではない。ここでの目的はたんなる剰余生産物ではなく、剰余価値である。しかも、できるだけ効率的に価値増殖をおこない、ほかの資本との競争に打ち勝たなければならない。それゆえ、資本主義的生産過程においてはできるだけ少ないコストで可能なかぎり多くの有用物を生産しなければならない。

したがって、賃労働者は、奴隷や農奴のようにただ剰余生産物を生産するだけでなく、生産過程においても生産手段を資本として扱い、価値増殖の観点からみて、それ

16　古代に広範に存在した小経営奴隷は奴隷でありながら生産過程を自立的に営んでいた。他方、大経営的な古代奴隷制ではこのような自立性を否定されていたが、価値生産を目的としていないかぎりで、きわめて過酷な労働管理をともなったアメリカの近代的奴隷制とは区別される。

をできるだけ無駄なく「有益」に消費しなければならない。言い換えれば、資本の価値を無駄にしないように、生産手段のほうの都合にあわせて労働しなければならない。賃労働者は生産手段をこのように「有益」に消費することによってはじめて、生産手段の価値を生産物に移転させ、維持することができるのである。

たとえば、先ほどの上着の仕立ての場合を考えてみよう。賃労働者はハサミやミシンなどの労働手段を使って、布や糸などの労働対象に働きかけ、上着を作る。このとき、彼は原料の布や糸を気ままに消費するのではなく、それらをできるだけ無駄にしないように消費しなければならない。そうしなければ、彼は布や糸の価値を上着の価値のなかに移転し、もともとの価値を維持することができない。もし彼が社会的標準よりも余分に布や糸を消費したのなら、無駄に消費された布や糸の価値は上着の価値のなかには入らないだろう[17]。商品の価値の大きさを規定するのは社会的必要労働時間だからである。

労働手段についても同じことがいえる。賃労働者がハサミやミシンを漫然と扱うのではなく、社会的標準以上に「有益」にそれを扱う場合にだけ、ハサミやミシンが摩滅した分の価値を生産物の価値に移転させることができる。たとえば、上着一〇〇着の生産に耐えることができる一万円のハサミを使うとすれば、一着につき一〇〇円分の価値が上着に移転されることになる。しかし、不慣れな賃労働者が作業に追われるあまり、このハサミを乱暴に扱ってしまい、わずか二着の上着しか生産することができなかったとすれば、一着の上着には相変わらず一〇〇〇円分の価値しか移転されないのだから、ハサミの価値は維持されないことになるだろう。[18]

生産手段を「有益」に消費するというのは具体的有用労働としての労働の働きによるものであるから、賃労働をする場合には、**労働の具体的有用労働としての側面が生産手段の価値を生産物へと移転する**ということができる。

第二に、**賃労働者は生産手段を資本のものとして扱い、「有益」に消費するだけでなく、自分の労働の成果をたえず資本のものとして扱い、剰余価値を産出しなければならない。**

賃労働者は生産手段を資本のものとして扱い、「有益」に消費することによって、労働対象を変形させていくが、このとき同時に、彼は変形された労働対象に対しても絶えずそれを資本のものとするように関わり続けている。それゆえ、彼は自分の労働

17　ただし、ここでの「社会的標準」とは資本主義社会における社会的標準であることに注意しよう。労働者が主体となって生産手段を使用する、それ以前の労働の仕方とは異なり、むしろ資本価値の担い手である生産手段の都合にあわせて労働しなければならない賃労働においては、「社会的標準」とされる生産手段の消費の仕方はそれ以前の社会と比べて「効率的」なものになる。つまり、それだけ労働者の側に負担を強いるものになる。

の成果にたいしてもたえずそれを資本のものとするようにして関わっていることになる。だからこそ、彼の生み出した労働生産物はすべて資本のものとなり、彼が生産過程において生み出した価値もすべて資本のものとなるのである。すでにみたように、彼が労働力の価値以上の価値を生み出すならば、資本の価値増殖運動が成立する。

価値に示されているのは労働の抽象的人間的労働としての側面なのだから、賃労働をする場合には、**労働の抽象的人間的労働としての側面が生産物に新価値を付け加える**ということができる。

このように、**賃労働者は生産手段にたいしてそれを資本とするようにして関わることによって、資本の価値増殖運動を成立させ、自分の労働に資本の機能という性格を与えている**のである。このようにして成立する生産関係のことを**資本主義的生産関係**という。

ここでは、生産手段と労働力はともに資本の構成部分になっているが、生産手段に転化される価値部分の大きさが――生産手段の価値がそのまま生産物に移転するために――不変であるのにたいし、労働力に転化される価値部分の大きさは――労働力が剰余価値を生産するために――増大する。それゆえ、前者を**不変資本**、後者を**可変資本**という。

資本主義的生産過程においては生産手段が労働者を支配する

すでにみたように、資本とは自己増殖する価値のことであった。資本は自分自身の価値の力によって生産過程を組織し、自分の価値を増殖することができる。だから、ここではむしろ主体は人間ではなく、価値である。その意味では、資本とは主体化し

18　念のために述べておくが、ここで問題になっているのは、たんに道具の扱いが丁寧か乱暴かということではなく、どちらがより資本の価値増殖にとって効率的かということである。この例では、丁寧に道具を扱ったほうが資本の価値増殖にとって「有益」であったが、その逆の場合もある。たとえば、職人がハサミを丁寧にメンテナンスしながら使った場合、一万円のハサミで二〇着の上着を作ることができるが、丁寧にハサミを使うので一着の上着を作るのに一日ではなく二日かかってしまうとしよう。この場合、たしかに一着あたりのハサミのコストは五〇〇円になり、その面だけをみれば「有益」であるが、他方で作業効率が二分の一になり、全体としてはよりコストがかかってしまう。それゆえ、資本の価値増殖という観点からみれば、このような丁寧なハサミの使い方は「有益」ではないということになる。

このような資本にとっての「有益」さの問題は、ある種のサービス業の場合に、より明確になる。たとえば、介護業においては、丁寧に仕事をしてオムツを頻繁にかえるのではなく、できるだけオムツを節約するほうが資本にとって「有益」であることになる。

た価値だといえるだろう。資本主義的生産過程においては価値の運動が主体になり、過程を支配するのである。

このような自己増殖する価値としての資本の運動が成り立つためには、まず、飽くなき価値増殖欲求を持つ資本家が「売るために買う」ことが必要であった。資本家は貨幣を貯め込むのではなく、むしろそれを積極的に流通に投げ入れることによって貨幣を増やそうとする。

だが、それだけでは資本の運動は成り立たない。生産過程において、賃労働者が生産手段にたいしてそれを自己増殖する価値とするようにして関わり、自己増殖する価値の運動を生産過程において成り立たせなければならない。資本の運動の成立にさいしては、このような賃労働者の特異な振る舞いが決定的であった。逆に言えば、賃労働者がこのような特異な振る舞いをし続けているかぎり、主体としての価値が生産過程を貫き、支配することができる[19]。

それゆえ、賃労働者が労働力を販売し、生産手段にたいしてこのような特異な振る舞いをし続けているかぎりでは、じっさいに生産手段のほうが主体となり、逆に労働者は手段となるという転倒した関係が成立する。もちろん、第1章でみたように、労働過程一般を考察するならば、あくまで生産の主体は人間であり、生産手段は文字どおり生産のための手段であった。ところが、価値の自己増殖を目的とする資本主義的生産過程においてはこの関係が逆転し、生産手段が人間を支配する。つまり、労働者が使用価値の生産のための手段として生産手段を消費するのではなく、むしろ生産手段が価値増殖のための手段として労働者を消費するのである。

第2章でみたように、すでに商品生産関係において人格の関係が物象化するという転倒がおきていた。そこでは、すでに人々は自分たちの振る舞いが生み出した価値に振り回されて生きる存在であった。ところが、資本主義的生産関係においては転倒の程度はいっそう深化する。ここでは、転倒は、価値が主体となり、生産過程を支配するところまで進む。労働という自分自身の人格的行為じたいが、自分が生み出した資本の価値の力に支配され、包摂されてしまう。このような事態のことを**資本のもとへの労働の形態的包摂**という。ここで形態的というのは、労働が価値という経済的形態の力によって包摂されてしまっているからにほかならない。

19　このことを端的に示すのは、ストライキである。労働者がストライキをして、生産手段にたいしてそれを資本とするようにして関わることをやめれば、資本は生産過程を支配することができなくなる。だからこそ、ストライキは賃労働者にとって強力な闘争の武器となるのである。

賃労働は疎外された労働である

賃労働という、転倒した生産関係を生み出す労働のあり方においては、明らかに自由は否定されている。第1章で見たように、労働一般を考えれば、労働は自然との物質代謝の意識的媒介であり、自由な行為であった。ところが、賃労働においてはそうではない。使用価値を生産するという面からみれば賃労働は相変わらず能動的な意識的行為にほかならないが、他方では、賃労働者はすでに労働力を売り渡してしまっており、生産手段にたいして資本とするようにして関わり、自分の労働を資本の機能としておこなうことを強制されている。つまり、彼は意識的に労働するにもかかわらず、その労働を自己の目的にしたがって自分の労働としておこなうことができない。このように自由が否定され、労働者にとって苦しみとして現れる労働のことを**疎外された労働**という。賃労働は、労働する個人からみれば、疎外された労働以外の何物でもない。

賃労働が歴史的に作り出されるプロセスは、このことを端的に示している。いわゆる「囲い込み」によって土地を奪われ、浮浪することを余儀なくされた農民たちが容易には賃労働をしようとしなかったのは、賃労働がこのように疎外された労働であるからにほかならない。

資本主義が勃興するには、土地を事実上所有し、ほぼ自給自足の生活を営んでいた農民たちを土地から引きはがすことが必要であった。それなしには、商品経済が社会全体に浸透することができず、また、労働力しか売るものを持たない無所有者が生み出されないからである。

このような大地からの引きはがしを実行したのは、徐々に重要になりはじめた貨幣収入を得たいと考えていた領主たちであった。彼らは暴力をもちいて強制的に農民を土地から追い出し、輸出向け商品であった羊毛を生産するために、農地を牧羊地に変えてしまったのである。

ところが、土地を追い出され、浮浪を余儀なくされた人々は、生計の手段を奪われたにもかかわらず、容易には賃労働に従事しようとしなかった。マルクスが言うように、彼らの多くは、むしろ物乞いや盗賊や浮浪人に転化した。自発的に雇われ、自分の労働を資本の機能としておこなうという、賃労働が要求する新たな規律に慣れることができなかったからである。

それゆえ、彼らを賃労働に従事させるには、立法による強制が必要であった。マルクスはこのプロセスを『資本論』で次のように描いている。

暴力的に土地を収奪され、追放され、浮浪人にされた農村民は、グロテスクで凶暴な法律によって、鞭打たれ、焼印を押され、拷問されて、賃労働システムに必

要な訓練をほどこされた。（第一巻、一二五七頁）

「自由な」労働者が……彼の習慣的な生活諸手段の価格と引き換えに、彼の活動的な全生活時間を、いな彼の労働能力そのものを売ることを……自発的に承諾するようになるまでには、すなわち社会的に強制されるようになるまでには、数世紀かかっている。（第一巻、四六六頁）

私たちが日々おこなっている賃労働という働き方がどれほど特殊であるかということは、このような歴史を振り返るだけでも明らかであろう。

もっとも、資本主義的生産関係が定着したあとには、人々はこのような立法による強制なしに自発的に賃労働に従事するようになる。人々がどのようにして賃労働を自発的におこなうことを強制されるかについては、第6章および第7章でみるだろう。

[コラム] 日本企業の強力な指揮命令権

賃労働者は、労働力を売った後は、資本家の指揮命令にしたがって労働しなければならない。だが、資本家は何でも命令できる権利をもっているわけではない。たとえば、違法な行為を命令することはできないし、あるいは、労働者の心身の健康を破壊してしまうような働き方をさせることもできない。

とはいえ、利益をひたすらに追求する資本は、この制約さえも超えてしまう傾向がある。とりわけ資本家の指揮命令権が強力である日本企業の場合、珍しいことではない。それは、「過労死」がkaroshiとして国際的に通用する言葉になっていることからもわかるだろう。

では、なぜ日本企業の指揮命令権は強力なのだろうか。それは、日本企業の指揮命令権に十分な限定がかけられていないからだ。いわゆる日本型の雇用システムにおいては、長期雇用と年功賃金がある程度保証されるかわりに、仕事の範囲と責任については限定がかけられていなかった。「ブラック企業」が社会問題化したのは、もはや長期雇用も年功賃金も保証されないのに、強力な指揮命令権だけが残っているからだ。

これにたいし、ヨーロッパ諸国では、日本と比べて職種別の労働市場が整備されており、仕事の範囲と責任に限定がかけられていることが普通である。だから、ヨーロッパの企業は日本企業のように、労働者を過労死に追い込むほどの指揮命令権をもっていない。指揮命令権の限定は、日本の労働環境の改善にとって重要なカギとなるだろう。

第5章　労働時間と自由時間

どんな株式投機においても、いつかは雷が落ちるに違いないということは誰でも知っているが、自分自身が黄金の雨を受け集め、安全な場所に運んだあとで、隣人の頭に雷が命中することを誰もが望むのである。「大洪水よ、我が亡き後に来たれ！」、これがすべての資本家およびすべての資本家種族のスローガンである。それゆえ、資本は、社会によって強制されるのでなければ、労働者の健康と寿命にたいし、なんらの顧慮も払わない。

（『資本論』第一部第八章労働日）

本章では、賃労働と労働時間の関係について考えることにしよう。みてきたように、賃労働は資本の価値増殖のための労働であるから、それ以前の労働とはまったく違った性格を持つ。労働時間についても、賃労働においてはそれ以前のどんな形態の労働よりも長時間の労働がおこなわれるようになる。なぜ、賃労働においては労働時間が長くなるのだろうか。本章では、この点についてみていくことにしよう。

資本は可能なかぎり労働時間を長くしようとする

資本家の目的は、手持ちの貨幣を使ってできるだけ多くの貨幣を手に入れることである。かたい言い方をすれば、資本の自己増殖運動を成立させ、できるだけ多くの価値を手に入れること、これが資本家の行動を規定する原則である。それゆえ、資本家は労働力商品を消費する場合にも、この原則にしたがって行動する。つまり、彼は労働力商品の使用によって、できるだけ多くの剰余価値を生み出そうとする。

さしあたり労働力の価値が一定だとすると、資本家が労働力を消費する際に、より多くの剰余価値を手に入れるためにはどうすればいいだろうか。剰余価値は、労働力商品の価値と労働力が生み出した価値の差であった。それゆえ、この場合、剰余価値を増やすには労働力が生み出す価値をふやすしかない。では、労働力が生み出す価値をふやすためにはどうすればよいだろうか。価値の大きさは抽象的人間的労働の支出量、すなわち標準的な労働の労働時間によって規定されるのだから、より長い時間、労働力を使用すればよい。つまり、より長い時間、賃労働者に労働させることによって、資本家は剰余価値を増大させることができる。このように、労働時間の延長によって生み出される剰余価値のことを**絶対的剰余価値**という。

じっさいには、労働時間を延長するとそれに比例して労働力の価値も高くなる。労働時間が長くなれば、それだけ労働力を再生産するのに必要な費用が増えるからだ。たとえば、労働時間が長くなると家事などをやる余裕がなくなり、どうしても出来合いの商品に頼りがちになることを考えてみればよいだろう。とはいえ、労働時間を長くすることによって得られる価値は、労働力の価値の増大をはるかに上回っているので、資本家が労働時間延長の追求をやめることはない。それに、資本家が労働力の価値の増大にたいして、なるべく支払わないように努力することは、私たちが日々目にしている「サービス残業」から明らかであろう。

こうして、資本家が絶対的剰余価値の生産を追い求めるようになると、労働者の労働時間はそれ以前の時代とは比べものにならないほど長くなる。

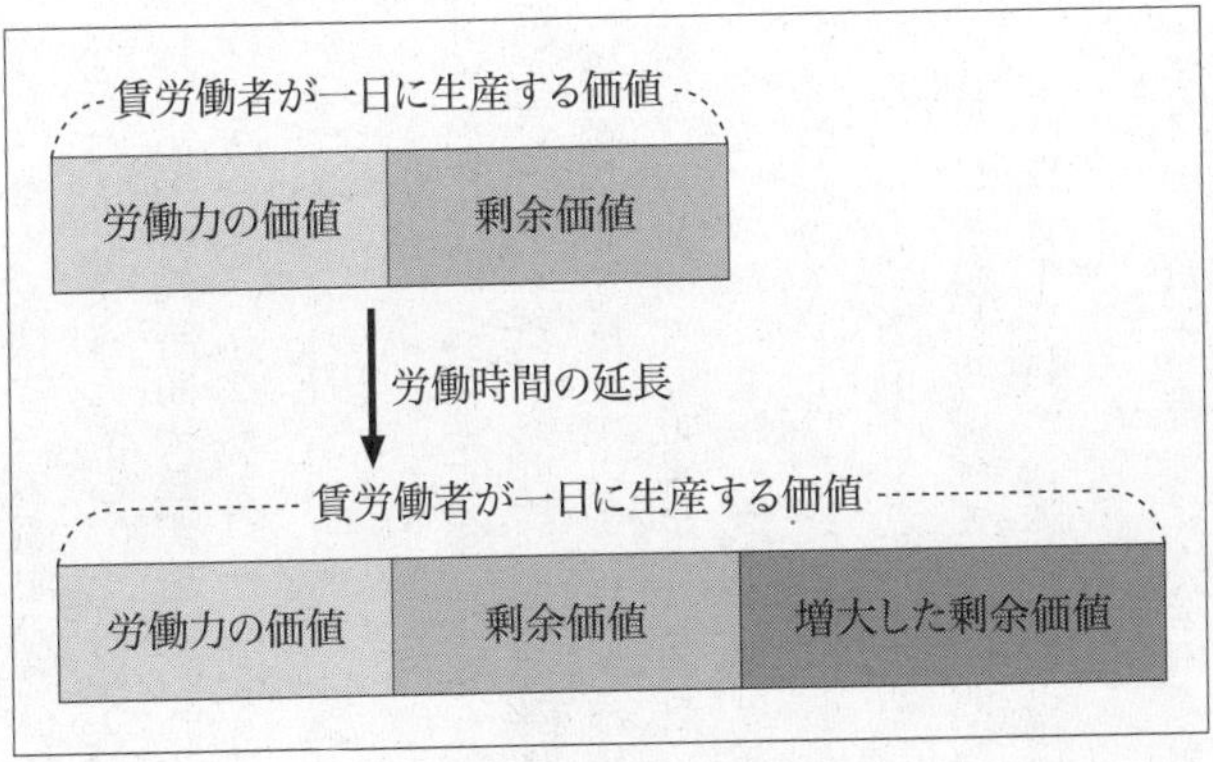

絶対的剰余価値の生産

もちろん、資本主義以前の社会にも搾取は存在した。奴隷制や封建制のもとでの搾取もけっして生やさしいものではなかったことは、たびたび発生した奴隷や農民の反乱が証明している。しかし、資本主義以前の社会では価値のためになされる生産は例外的なものであり、生産の大部分は使用価値を手に入れるためになされていた。それゆえ、必要な使用価値を手に入れるために無慈悲な搾取をするということはあっても、無制限に長時間労働を強制するということはなかった。使用価値にたいする欲望には限度があるからだ。

ところが、資本主義社会においては事情が一変する。生活必需品の多くが商品となり、貨幣の力が社会のすみずみまで及んでいるこの社会では、価値こそが生産の目的となる。そして、この価値にたいする欲望には際限がない。資本家は、この際限のない欲望にしたがって可能なかぎり価値を増やし、それを手に入れようとする。それゆえ、価値増殖を目的とする資本主義的生産においては、最大限の労働時間延長が追求されることになる。資本家にとって労働時間は長ければ長いほどよいのであり、そこには限度はない。だから、資本主義社会においては、それまでのどんな社会よりも、労働時間が長くなる。

「大洪水よ、我が亡き後に来たれ！」

とはいえ、資本家は簡単に労働時間を延長することができたわけではない。はじめは労働時間を長くすることはきわめて困難であった。というのも、資本主義以前の社会では短時間での労働が一般的だったからだ。

すでにみたように、資本主義以前の社会では、労働者自身が生産過程を管理しているのがふつうであった。また、小経営が一般的であり、仕事場は生活の場と密着していた。自分で労働のあり方を管理し、家の近くで労働していたのだから、労働時間と自由時間の境界は曖昧であり、実際に労働する時間はそれほど長くなかった。このような生活習慣を持った人々に賃労働をさせ、しかも長時間労働に従事させるのは容易なことではなかった。

そこで、資本家たちは国家の手を借りて労働時間を延長しようとした。つまり、国家が法律を布告し、労働時間を強制的に延長しようとしたのである。イギリスでは、一四世紀から一七世紀にかけて、こうした法律が次々と布告された。その結果、一八世紀末には労働時間は一二時間にも達しようとしていた。そして、一八世紀末に大工業が導入されてからは（大工業については次章で述べる）、労働時間は一挙に長くなり、一六時間を超えることさえあった。

このような労働時間延長は、労働力の売り手である賃労働者の側からみれば、自由時間の短縮にほかならない。資本によって強制されるあまりに長い労働時間は、賃労働者たちから人間らしい生活をするための時間を奪い取る。賃労働者たちは、家族と過ごしたり、友人と交流したり、本を読んだり、趣味に没頭したり、地域コミュニティの活動に参加したりするための余裕を失ってしまうのである。

それだけではない。長すぎる労働時間はやがて賃労働者の生存すら脅かすようになる。資本の目的は価値であり、価値は抽象的人間的労働の対象化なのだから、資本は賃労働者に長時間労働を強制し、より多くの抽象的人間的労働を搾り取ろうとする。賃労働者はより大きい労力を支出することを強制され、しかも休息のための時間を奪われる。こうして、賃労働者は労力の支出にみあった休息をとることができず、心身の健康を破壊され、場合によっては生存すら脅かされる。**労働時間の過度の延長は、賃労働者の寿命を短縮することによってのみ可能になる**のである。

もし、なんの歯止めもなければ、このような賃労働者の健康の破壊は、いずれ資本そのものの存立を脅かすようになるだろう。社会全体として賃労働者を再生産できなくなれば、資本主義社会じたいが存続していくことができないからだ。

だが、それにもかかわらず、資本家は長時間労働を追い求めることを止めることはない。彼の目的は、さしあたりいま、価値を手に入れることでしかないからだ。価値増殖の結果どんなことが起ころうとも、貨幣というかたちで価値を手に入れることができさえすれば、彼はその価値の力を行使することができる。もし彼が雇った賃労働者が体を壊して働くことができなくなったとしても、別の賃労働者を雇えばよい。次章以降で述べる大工業による失業者の増大はこれをいっそう容易にするであろう。だから、資本家は、彼が資本の人格的担い手であるかぎりは、賃労働者の健康を配慮する理由をまったく持っていないのである。

これは資本主義社会独自の現象であり、それ以前の奴隷制や農奴制といった社会では事情はまったく異なっている。奴隷主や封建領主の権力は奴隷や農奴を人格的に従属させ、支配することによって成り立っていた。だから、奴隷や農奴の人格的再生産は支配者たちの権力にとって決定的な意味を持っていた。ところが、資本家の権力は人格的支配にもとづいているのではなく、物象の力にもとづいている。彼にとっては物象の力の獲得だけが問題なのであり、賃労働者の人格的再生産に配慮する必要がない。というのも、物象の力、とりわけ貨幣の力さえあれば、労働力であれ、生活手段であれ、必要なものを手に入れることができるからである。[20] それゆえ、たとえ資本の運動が賃労働者の生存を脅かし、資本主義社会そのものの存立を脅かすようになるとしても、資本家たちは「経済成長」を連呼し、価値増殖をやめようとはしない。「大洪水よ、我が亡き後に来たれ！」、これが彼らの精神である。

もちろん、資本家のなかにも労働条件の悪化に心を痛める良心的な人もいるかもしれない。あるいは、あまりに酷い労働条件はやがて資本主義社会の存続すら危うくするのであるから、より長期的な視野から賃労働者の健康の破壊を危惧する資本家もいることだろう。だが、資本家は資本の人格化として振る舞い、価値増殖をひたすらに追求することをやめることができない。なぜなら、資本家はたえずほかの資本家との競争にさらされているからだ。最大限の価値増殖を追求することを止めれば、彼は競争に敗れ、資本家として生きていくことができなくなる。

こうして、資本家たちは最大限の価値増殖を強制され、賃労働者の健康を破壊し、

20　もちろん、いくら貨幣を持っていても、市場に商品がなければ買うことはできないが、資本主義社会においては生活手段の大半が商品化されており、また、第7章でみるように膨大な相対的過剰人口が存在している。

ひいてはこの社会までも破壊していく。個人としてどんなに良心を持っていようが、どんなに長期的な視野を持っていようが、彼らが資本の人格的担い手であることをやめないかぎり、資本の破滅的運動にブレーキをかけることはできないのである。

賃労働者たちの抵抗が標準労働日を作り出す

しかし、賃労働者たちは事情が異なる。彼らは過度の長時間労働を強制されれば、心身の健康を破壊され、労働力を販売することができなくなってしまう。だから、彼が労働力商品の人格的担い手であろうとすれば、労働時間の延長に抵抗せざるをえない。

こうして、資本家たちと賃労働者たちのあいだで争いが起こる。労働力商品の買い手と労働力商品の売り手のあいだで、労働力商品の使用時間をめぐる闘争がおこなわれるのである。

はじめは賃労働者たちはバラバラに抵抗するが、資本という社会的権力を持っている資本家には太刀打ちできない。賃労働者は蓄積された富を持っておらず、たえず自分の労働力を販売しなければ生きていくことができないという弱い立場におかれているからだ。

そこで賃労働者たちはアソーシエイトして抵抗することを学ぶ。**アソーシエイトと**

は、従属的で強制的な人格的結合ではなく、自由で自発的な人格的結合のことだ。資本という社会的権力を行使することができない賃労働者たちは、かわりにアソーシエイトすることによって社会的な力を獲得することができる。

アソーシエイトした賃労働者たちの運動が社会的反響を呼び起こすことに成功すれば、労働力商品の使用権をめぐる新たな正当性の観念が生まれる。たとえば、それまで無制限な労働時間が許容されていたとしても、いまや一日の労働時間は労働者が健康を維持しながら働くことのできる一〇時間以内でなければならないとされる。こうして、労働力商品については、たとえその買い手であっても、その商品を無制限に処分することができるわけでなく、一定の限度内でなければならないという、労働力商品の売り手の側の権利が打ち立てられるのである。この権利はやがて制度化され、労働日（一日の労働時間）を制限する法律が制定される。このように、賃労働者たちの運動をつうじて社会的に標準的な労働日が作り出されるのである。

労働時間の制限はあらゆる社会改良のための前提条件である

賃労働者たちは労働時間を制限することによって、健康を維持し、明日もまた労働力を売ることができるようになる。だが、労働時間を制限することの意味はそれだけではない。つまり、賃労働による労力の支出をおさえ、休息のための時間を増やすことができるというだけではない。労働時間の短縮は、賃労働者にとっては同時に自由時間の増大である。自由時間が増大すれば、賃労働者は自分を労働力の売り手として再生産するだけでなく、人間らしく生きるための身体的・精神的余裕を取り戻すことができる。

もちろん、賃労働者たちは、次の日も労働力を販売しなければならないのだから、自由時間を労働力の再生産のために使わざるをえない。たとえば、友人と話をするために飲みに行ったとき、明日の仕事のことを考えて、早めに切り上げて帰宅した、という経験は誰でもあるだろう。あるいは、飲みに行くという行為じたいが、友人との交流というより、仕事のストレスを解消するためにおこなわれたのかもしれない。その意味では、彼が賃労働者であるかぎり、彼の自由時間さえも、間接的にではあれ、資本に支配されてしまっている。

しかし、それにもかかわらず、自由時間の増大は賃労働者たちにとって非常に重要な意味を持っている。というのも、それは限定的ではあれ、賃労働者たちを、労働力商品の人格的担い手としての振る舞いから解放するからである。労働時間が長ければ、それだけ資本の構成部分として労働しなければならないし、少ない自由時間も休息やストレス解消にあてなければならない。しかし、労働時間が制限され、自由時間が増大すれば、資本の構成部分として振る舞う時間は短くなり、残りの自由時間においてもより人間らしい活動をおこなうことができる。

たとえば、家族と過ごしたり、友人と交流したり、本を読んだり、趣味に没頭したり、地域コミュニティの活動に参加したりすることができるようになる。あるいは、労働組合運動やNPOに参加して、労働条件の改善や労働者の権利拡大のための活動をおこなうこともできるだろう。自由時間の増大は、自由時間の質を豊かにする。

このような自由時間におけるさまざまな活動は、賃労働者としての自分の振る舞いを相対化する一つのきっかけになりうる。劣悪な労働条件におかれている労働者は、冷静かつ客観的に考える余裕を奪われ、たとえ資本が違法行為をしていてもしたがってしまいがちだ。また、職場と自宅の往復だけでは、自分のふだんやっている労働の社会的意味などを考えることもできないだろう。自由時間においてさまざまな活動をすることは、このように賃労働者としての振る舞いを内面化してしまった個人を解放するという意味を持っている。多様な活動、多様な人々との交流は、自分がふだんおこなっている賃労働を相対化する可能性を持っているからだ。

また、自由時間の増大が自由時間の内実を豊かにするということは、同時に、自由時間がたんなる商品の消費ではなくなるということを含んでいる。長時間労働で疲れ切った人は家で料理を作るのではなく、スーパーやコンビニで出来合いの食料を買うだろう。逆に短時間労働であれば、自由時間において出来合いの商品に依存せず、料理に没頭することもできるだろう。

　このように、自由時間の増大は賃労働者が労働力商品の人格的担い手であることを相対化する。より広く言えば、物象の人格的担い手であることを相対化する。それゆえ、社会における価値の重要性もまた相対化される。人々が価値の論理に縛り付けられている社会では、人々は価値の論理に抵抗し、自由な活動をおこなうことはできない。だからこそ、マルクスは「**それなしには、いっそう進んだ改革や解放の試みがすべて失敗に終わらざるをえない先決条件は、労働日の制限である**」（『資本論』第一巻、五二三頁）と述べたのである。

　残念なことだが、現在の日本社会の惨状をみれば、このマルクスの言明がいかに正しいかがわかるだろう。

［コラム］賃労働と性差別

賃労働者は、それぞれ性やエスニシティなど多様な属性を持っている。しかし、資本にとって重要なのは価値増殖であり、賃労働者は労働力商品の担い手という意味しか持たない。また、次章でみるように、大工業のもとでは労働力としての違いも平準化されていく傾向がある。だから、一面では、資本主義は性やエスニシティの違いを相対化し、重要でないものにするということができる。たとえば、マルクスは両性関係について次のような指摘をしている。

「大工業は、家事の領域のかなたにある社会的に組織された生産過程において、婦人、年少者、および児童に決定的な役割を割り当てることによって家族と男女両性関係とのより高度な形態のための新しい経済的基礎を作り出す」

現代社会における、いわゆる「女性の社会進出」とそれによる男女関係の変化は、この傾向を裏付けるものだと言ってよいだろう。だが、他方で、資本主義は賃労働者のあいだに存在する違いやそれにもとづく差別を利用し、賃労働者たちを分断しようとする。賃労働者たちがアソーシエイトして抵抗することこそが、資本にとって最大の脅威だからだ。性差別について言えば、いまだに女性の平均賃金は男性の約七割であり、出産を担う女性に家事労働を押しつけようとする社会的圧力も根強い。

それゆえ、資本主義社会においては女性の権利の拡大が進んでいくとともに、この権利の拡大を押しとどめようとする傾向が存在すると言えよう。

第6章　賃労働と生産力の発展

テクノロジーは、人間の自然にたいする能動的関わりを、人間の生活の直接的生産過程を、それとともにまた人間の社会的生活関係およびそれから湧き出る精神的諸表象の直接的生産過程をあらわにする。

（『資本論』第一部第一三章機械と大工業）

資本主義社会においては、これまでのどんな社会よりも急速に技術革新が進み、人間の生産能力はいちじるしく上昇する。たとえば、数十年前のコンピューターは、現在のスマートフォンの性能にとうてい及ばない。しかし、数十年前のコンピューターには、スマートフォンをはるかに上まわる莫大なコストが費やされていた。

本章では、資本主義のもとでは、なぜこのような急激な生産力の上昇が起こるのか、またそのような生産力の上昇が賃労働にどのような影響を与えるのかを考えることにしよう。[21]

資本は生産力を上げることによって相対的剰余価値を獲得する

まず、はじめに考えたいのは、どうして資本は生産力を上昇させるのかという問題である。というのも、生産力を上げたとしても、生み出される価値量が増えるわけで

21　なお、よく誤解されているが、生産力といわゆる「生産性」はけっして同じではない。だが、さしあたり生産力は生産性、すなわち一定時間にどれだけの生産物を生産することができるかを表す概念だとしておこう。

はないからだ。

みてきたように、価値は抽象的人間的労働の対象化であり、その量は標準的な労働の労働時間によって規定される。それゆえ、生産力を上げ、一時間あたりに生産する使用価値量を増大させたとしても、一時間あたりに生み出される価値量が変化することはない。

たとえば、鉛筆工場において労働者一人が社会的に標準的な強度で働くならば一時間あたり一〇〇本の鉛筆を作ることができる社会において、あるとき、なんらかの機械や作業手順の改善により、鉛筆工場の生産力が二倍になったという場合を考えてみよう。この場合、労働者は一時間あたり二〇〇本の鉛筆を作ることができるようになる。しかし、労働者は、彼が社会的に標準的な強度で働くかぎり、相変わらず一時間あたり一時間分の価値しか生み出すことができない。つまり、生産力が二倍になったとしても、生み出される価値量はまったく変化しない。それゆえ、労働者一人から搾取できる剰余価値の量もまったく変化しないということになる。生産力の上昇はあくまで彼の労働の具体的有用労働としての側面に影響を及ぼすにすぎない[22]。では、どうして資本は生産力を上昇させるのだろうか。

まず、ここで重要になるのは、一個あたりの鉛筆に付け加えられる価値量である。生産力が二倍になっても生み出される価値量は変化しないが、二倍の生産手段が消費され、二倍の生産物が生産されるので、一個あたりに付加される価値は二分の一になる。それゆえ、生産力があがると生産物の価値は下がる。

だが、これだけでは資本が獲得する剰余価値量は変化しない。しかし、次のような場合を想定してみると、事態は変わってくる。たとえば、賃労働者が生活に必要とする生産物の価値が生産力の全般的上昇によって二分の一に下落したという場合を考えてみよう。この場合、生産力の上昇は賃労働者の生活手段をつくる工場でも、その生活手段をつくるための生産手段をつくる工場でも起こるが、ともかく結果として生活手段の価値は二分の一になっている。そうすると、このような全般的な生産力上昇の結果として、労働力の価値もまた二分の一になる。労働力の価値は労働力の再生産に必要な価値、すなわち賃労働者が自らの人格を再生産するのに必要な生活手段の価値によって規定されるからである。

このように、生産力の上昇は労働力の価値を下げる。それゆえ、一日あたりの労働時間が不変だとすると、剰余価値量は増大する。たとえば、労働時間が八時間のとき、労働力の価値が四時間分から二時間分の大きさに低下するならば、剰余価値量は四時

22　この場合、具体的有用労働の作用は二倍になるので、生産手段から生産物への価値移転は二倍のペースでおこなわれるようになる。

間分から六時間分へと上昇する。このように、労働力価値の低下によって生み出される剰余価値のことを**相対的剰余価値**という。

前章でみたように、資本ははじめ際限のない労働時間の延長により、剰余価値を獲得しようとするが、生存を脅かされた賃労働者たちの抵抗にぶつかる。それゆえ、資本は生産力上昇による相対的剰余価値の生産を追求するようになる。

個々の資本家は特別剰余価値の獲得を追求する

だが、まだ問題は解決されていない。資本は生産力を全般的に上昇させることにより、相対的剰余価値を獲得できるとしても、個々の資本家は直接にそのことを目的として生産力を上昇させるわけではないからだ。全般的に生産力が上昇し、相対的剰余価値が生み出されるのは、個々の資本家が生産力を上昇させたことの結果にすぎない。では、なぜ個々の資本家は生産力を上昇させようとするのだろうか。

先の鉛筆工場の例を考えてみよう。鉛筆工場を経営する資本家Aは、はじめは他の資本家と同じように労働者一人に一時間あたり一〇〇本の鉛筆を作らせることができるだけであったが、その後、ほかの資本家に先駆けて、新技術を導入し、鉛筆を従来の二分の一の時間で生産できるようになったとしよう。また、一時間の労働が生み出す価値の大きさが二〇〇〇円で表され、鉛筆一本の生産に必要な生産手段の価値が八

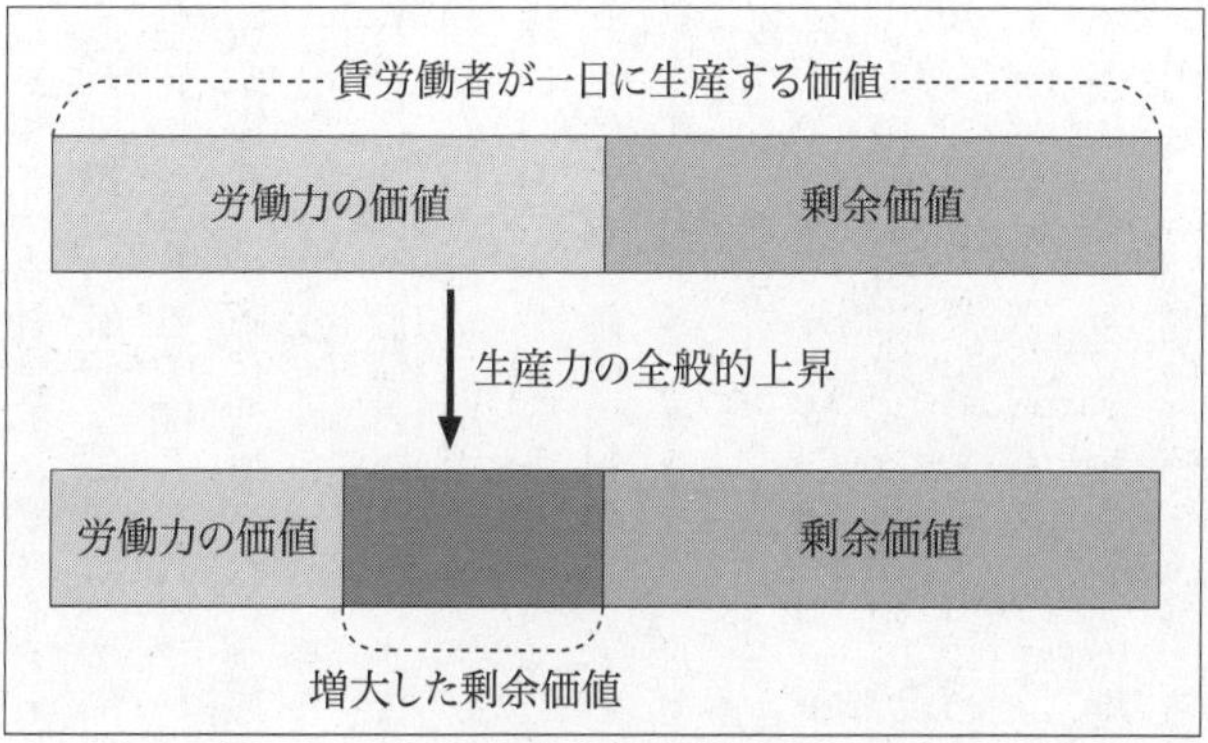

相対的剰余価値の生産

〇円で表されるとしておこう。はじめ、資本家Aは他の資本家と同じように、労働者一人に一時間あたり一〇〇本の鉛筆を作らせていたので、鉛筆一本あたりの価値は、生産手段八〇円＋労働者が付加した価値二〇円〔二〇〇〇円÷一〇〇本〕＝一〇〇円であった。ところが、生産力が二倍になると、資本家Aは労働者に一時間あたり二〇〇本の鉛筆を作らせることができるようになり、鉛筆一本あたりの価値は、生産手段八〇円＋労働者が付加した価値一〇円〔二〇〇〇円÷二〇〇本〕＝九〇円になる。

このとき、ほかの資本家にとっては依然として鉛筆一本は一〇〇円分の価値に表される労働を含んでいるが、資本家Aにとっては鉛筆一本は九〇円分の価値に表される労働しか含んでいない。しかし、他方、価値の大きさはあくまでも社会的に必要とされる労働時間によって規定されるのだから、社会的にみれば鉛筆の価値は依然として一〇〇円である。したがって、資本家Aは九〇円分の価値に表される労働しか含んでいない鉛筆を一〇〇円で売ることができる。こうして、資本家Aは実際に費やされた労働時間を表している個別的価値（九〇円）と社会的に通用する本来の価値（一〇〇円）との差額（一〇円）を手に入れることができる。これを**特別剰余価値**という。ここで「特別」というのは、通常手に入れることができる剰余価値とは別に取得することができる剰余価値だからである。このケースでは、資本家は九〇円で鉛筆を売っても、労働者一時間あたりの生産物から以前とまったく同じだけの剰余価値を得ることができるが（一本あたりから得ることのできる剰余価値は減少するが、そのぶん多くの本数の鉛筆を生産しているので剰余価値の総量は変わらない）、一〇円を上乗せし一〇〇円で売ることにより、労働者一時間あたりの生産物から二〇〇〇円分の特別剰余価値を手に入れることができる。

もっとも資本家Aは新技術の導入によって以前より多くの生産物を生産するようになっているのだから、より多くの生産物を売らなければならない。それゆえ、資本家Aは鉛筆を一〇〇円で売るのではなく、ほかの資本家より安い価格、たとえば九五円で売り、より多くのシェアを獲得しようとするだろう。しかし、この場合でもまだ、五円分の特別剰余価値を獲得することができる。個々の資本家にとっては、この特別剰余価値が生産力上昇のための動機をなすのである。

しかし、他の資本家たちが新しい生産方法を導入し、それが一般的な生産方法になると、特別剰余価値は消滅する。先の例でいえば、大半の資本家が九〇円で鉛筆を生産できるようになれば、特別剰余価値を上乗せして売ることはできない。他方、いまや生産力の上昇により鉛筆一本あたりの販売から得られる剰余価値は減少しているのだから、資本家たちはより多くの生産物を売らなければ以前と同じだけの剰余価値を獲得することができない。それゆえ、資本家たちは特別剰余価値を獲得し、シェアを拡大するために、再び生産方法を変革し、生産力を上昇させようとする。

しかも、資本家たちは互いに競争しているのだから、たえず生産力を上げ、シェアを維持し、拡大することなしには生き残っていくことができない。競争が資本家たちに生産力の上昇を強制するのである。こうして、資本が社会全体の生産力を上昇させ、相対的剰余価値を生み出すことは必然的傾向となる。

協　業

生産力の上昇のためには生産方法の変革が必要である。以下、資本が採用する生産力上昇のための方法について簡単にみていこう。

資本が生産力を上昇させるための第一の方法は協業である。協業とは同じ生産過程、もしくは関連する生産過程において、多数の労働者が一緒に協力して働くことである。

資本主義的生産ははじめから協業としておこなわれる。というのも、資本主義的生産が成り立つには、資本家が直接に生産に従事せずにすむように、ある一定数の賃労働者を雇用することが必要だからである。とはいえ、生産がより多くの賃労働者によっておこなわれるならば、それだけ協業の効果が発揮される。

協業が生産力を高めるのはおもに以下の理由からである。

第一に、大勢で労働手段を共有することによって、生産手段を節約することができる。たとえば、一人一人バラバラに労働する場合と比べて、建物や労働用具はより少なくてすむ。

第二に、そもそも一人では不可能な労働が可能になる。たとえば、一人では動かすことができない重い物を動かすことができる。

第三に、他人と労働することにより、競争心が刺激され、個々人の作業能力が高められる。

第四に、同時に同じ作業をおこなうことによっていちじるしく作業効率が高められる場合がある。たとえば、多くの煉瓦を高いところまで運ぶ場合、いわゆるバケツリレーをおこなうことによって、個々人で作業をおこなう場合に比べて、より早く作業をおこなうことができる。

協業は、大人数で一緒におこなう作業なのだから、個々人がバラバラに労働することによっては成り立たない。個々の作業を調和させ、まとめあげる**指揮**が必要である。これは、オーケストラに指揮者が必要であることと同じである。

資本主義的生産過程の場合、指揮は協業の組織者である資本家によっておこなわれる。資本家による指揮は、それが資本の機能としておこなわれることによって、新たな性格を獲得する。というのも、資本家による指揮は、たんに協業に調和を与えるだけではなく、資本の自己増殖を可能にするものでなければならないからだ。

資本主義的生産過程の目的は資本の自己増殖であり、剰余価値の獲得である。資本家がこれを実現するためには、賃労働者から労働力を買い、賃労働者に資本の機能を担わせなければならなかった。しかし、すでにみたように、賃労働者が自分自身の行為によって資本という物象の機能を遂行する、賃労働という働き方は、矛盾した働き方であり、賃労働者にとっては疎外された労働にほかならなかった。だから、資本家は生産過程においてたえず賃労働者の抵抗やサボタージュの可能性に直面する。それゆえ、資本家による指揮は、たんに個々人の作業に調和を与え、協業を可能にするためにおこなわれるだけでなく、賃労働者の抵抗を押さえつけ、サボタージュを防ぐためにもおこなわれなければならない。

だが、現実に資本家が指揮をおこなうさいには、この二つの機能は分けることができず、渾然《こんぜん》一体となって現れる。つまり、資本家による指揮は賃労働者を押さえつけ、監視するという性格を持っているが、他方で、賃労働者たちはその指揮がなければ協業を円滑におこなうことはできない。だから、賃労働者が協業をおこなうためには、自分にとって敵対的な性格を持っている資本の指揮に従うしかない。したがって、資本主義的生産過程では、協業という生産方法じたいが賃労働者の従属をうながすものとして作用するのである。

そもそも資本主義的生産関係において協業を組織できるのはある一定以上の貨幣額を持つ者、すなわち資本家だけである。ここでは、人々は私的個人としてバラバラにされており、しかも資本家以外は協業を組織できるだけの貨幣を持っていない。賃労働者は自分たちの意志によって互いにアソーシエイトして協業をおこなうのではなく、労働力を販売した資本によって結合させられ、協業をおこなうにすぎない。ここでは賃労働者が資本家に労働力を売ることなしには、すなわち資本に結合させられることなしには協業をおこなうことができないのだから、協業によって実現される労働の社会的生産力は、資本そのものがはじめから持っている生産力として現れる。

マニファクチュアにおける分業

資本が生産力を上昇させるための第二の方法は、マニファクチュアにおける分業である。マニファクチュアにおいては、資本家によって組織された協業が作業場内での分業としておこなわれるが、技術的には依然として労働者の手工業的熟練にもとづいている。

マニファクチュアにおける分業は、おもに以下の理由によって、生産力を高める。

第一に、分業によって作業が専門化されることにより、個々の労働者の作業能力がいちじるしく高まる。

第二に、分業によって作業が固定化されることにより、労働者が場所を移動したり、用具を取り替えたりする時間が節約される。

第三に、分業によって作業が専門化・単純化されることにより、それに対応する用具も専門化・単純化され、改良される。

マニファクチュアは、労働者にたいして次のような影響を及ぼす。

第一に、作業の専門化の影響である。マニファクチュアでは、それ以前には一つの独立した仕事であったものが、さまざまな部分作業に分解される。それゆえ、それぞれの労働者はこの部分作業に適応させられ、単純作業しかできない労働力にされてしまう。このような専門化は、労働者の修業費を減少させ、労働力の価値を低下させる。

さらに、作業の専門化によって労働の一面化・単純化が進むと、労働者は独立の生産者としての生産能力を失ってしまう。もともと賃労働者は生産手段を持っておらず自分で商品を生産することができないから労働力を資本に売ったのであるが、いまや彼の労働力は資本によって買われ、分業の体系のなかに組み込まれないかぎりは役に立たない。独立の手工業者はたとえ限られたものであるとしても、生産についての知識をもち、洞察を働かせ、さまざまな状況に臨機応変に対応することが必要であった。ところが、マニファクチュア労働者はそのような精神的能力を奪い取られてしまう。生産に必要な知識、洞察は、部分作業の体系を組織する資本に集中され、賃労働者を支配する力として現れるのである。

第二に、マニファクチュアにおいて専門的作業が組み合わされ、体系化されることの影響である。協業が分業によって細分化された作業の組み合わせとしておこなわれることにより、労働の強度が高められる。たとえば、ある人が布を裁断し、それから別の人がその布を縫うという作業工程があるとすると、裁断者が一定のペースで裁断しなければ、裁縫者が布を縫うことができず、作業が滞ってしまう。それゆえ、それぞれの作業者には作業の連続性、規則性が求められ、結果として労働の強度が高められることになる。協業においては資本家の指揮にしたがう必要が労働者の資本にたいする従属をうながしたが、ここでは体系化された専門的作業として労働をおこなう必要が労働者の資本にたいする従属をうながすようになる。

大工業における機械

資本が生産力を上昇させるための第三の方法は、大工業における機械の導入である。機械は、原動機、伝動機構、道具機からなっている。機械は人間によって操作されるたんなる道具とはことなり、それじしんで道具を操作し、労働対象を加工する労働手段である。

大工業においては、協業は機械による協業としておこなわれ、機械による分業の体系が成立する。この分業の体系が一つの中央自動装置から動力を受け取るようになると、いわゆる自動機械体系が成立する。

機械が生産力を増大させることは一目瞭然であろう。機械によって非常に大きな自然力を利用することができるようになるので、生産において必要な労働はいちじるしく減少し、労働の生産力は何十倍、何百倍にも高まる。また、自動機械体系は労働者の作業効率を飛躍的に高めるだろう。

大工業における機械、そして自動機械体系は、労働者にたいして次のような影響を与える。

第一に、機械の導入によって、労働者の熟練はさらに不必要になる。機械による生産においては、人間の労働の役割はもはや副次的なものでしかない。マニファクチュアにおいては、分業によって作業を単純化するとはいえ、依然として個々の作業者の技能や熟練は重要な意味を持っていた。ところが、大工業においては、労働者は機械の運動を補助する役割を果たすにとどまるのであり、労働者の技能や熟練は重要な意味をもたなくなる。労働者の修業費はいっそう少なくなり、労働力の価値は低下する。また、このような労働者からの技能や熟練の剝奪は、労働者の抵抗の基盤を奪い取ることになる。マニファクチュアのように生産が個々の労働者の技能や熟練に依存しているうちは、生産のイニシアチブは労働者の側にあり、また、代わりの労働者を雇うことも容易ではない。ところが、大工業においては労働者は機械体系の補助として必要とされるのみであり、生産のイニシアチブは機械体系のほうにある。また、かわりの労働者を雇うことも容易であろう。

こうして、賃労働者たちは技術的にも生産手段に従属してしまうようになる。生産方法のいかんにかかわらず、賃労働者たちが自分の労働力を売り、資本のもとで労働するかぎり、彼は生産手段にたいしてそれを資本とするようにして振る舞わなければならなかった。すでに、この段階で生産手段が主体となり、労働者が手段となるという転倒した関係が成立している。しかし、この段階では、価値という経済的形態の力によってこのような転倒が成り立っているだけであり、現実的基盤を獲得していない。ところが、大工業においてはこの転倒が現実的基盤を獲得する。すなわち、**生産手段が主体となり、客体としての労働者を支配するという転倒が形態的のみならず、技術**

的にも成立するのである。ここでは、生産に必要とされた生産者の知識や洞察は、近代的テクノロジーによって作られた機械体系にとってかわられてしまう。

第二に、機械の体系として組織される工場は一つの大きな自動装置をなしており、この体系に従属して労働する労働者たちに大きな影響を与える。というのは、自動機械体系は労働者たちによりいっそうの労働の連続性、規則性を要求し、労働の強度をいちじるしく高めるからである。こうして、いみじくもフーリエ（ユートピア社会主義の代表者の一人）が言ったように、工場は労働者たちにとって「緩和された監獄」となる。

第三に、機械の導入によって以前に比べ人手が必要なくなり、大量の失業者が生まれるようになる。マルクスは資本の自己増殖運動にとって余計な労働者人口のことを相対的過剰人口と呼んだが（詳しくは次章を参照）、この相対的過剰人口の存在がいま資本に雇われている労働者の立場を弱くする。なぜなら、相対的過剰人口がより多く存在すればするほど、労働者間の競争が激しくなるからである。また、機械の導入はストライキなどの労働者の抵抗に対抗する手段として意識的に用いられる場合もある。

第四に、大工業は労働時間を延長させる傾向を持つ。一方では、大規模な機械の導入にともなって労働手段の償却に時間がかかるようになり、償却が終わらないうちに労働手段が古くなってしまう危険性が高まるので、償却期間を短縮するためにできるだけ労働時間を長くしようとする動機が生まれる。他方では、大工業による労働者の生産能力の剝奪をつうじて、労働者の抵抗が弱まり、長時間労働を強制しやすくなる。労働日の制限は、絶対的剰余価値の生産を抑制することにより、生産力の上昇を促すが、この生産力の上昇が大工業として実現されるようになると、ふたたび労働時間を延長しようとする傾向が現れる。

資本は生産力の上昇のための生産方法の変革をつうじて労働者を従属させる

以上から明らかなように、資本は生産力を上昇させるための生産方法の変革をつうじて、労働者を資本に従属させる。つまり、資本はただ生産力を上昇させるように生産の技術的条件を変革するだけではなく、同時に、労働者を資本に従属させるように生産の技術的条件を変革するのである。

もちろん、このことは無意識的におこなわれることもあれば、ストライキに直面した資本家が機械を導入してストライキをつぶそうとする場合にみられるように、意識的におこなわれることもある。しかし、いずれにしろ、資本による生産力の上昇は賃労働者を資本に従属させるような仕方でしかおこなわれない。なぜなら、資本の運動が成り立つためには、生産過程において賃労働者が資本に従属して労働することが必要だからである。

このような従属の形成はおもに二つの面で現れるといえるだろう。

第一に、生産を体系化し、規則化することによる労働者の馴致《じゅんち》である。協業においては資本家の指揮に従わなければならず、マニファクチュアにおいては分業の体系化によってより高い強度の労働を要求される。さらに、大工業では機械体系としての一つの自動装置が労働者にたいしてさらに規則的で強度の高い労働を強制する。このように、生産条件の技術的必要によって高い強度の労働を押しつけられることをつうじて、賃労働者は日々、労働力商品の担い手にふさわしいように訓練される。

第二に、資本は技術や熟練、あるいは生産に必要な知識や洞察などを賃労働者から奪い、それを自らのものにする。協業においては労働を労働者自身で組織し指揮する可能性が奪われる。マニファクチュアでは資本が分業を組織することによって、労働者の作業を一面化・単純化し、労働者は、マニファクチュアの分業に組み入れられることによってしか生産できない存在へと変えられてしまう。さらに大工業では、生産手段が機械体系として現実に能動性を獲得し、労働者はその付属物にされてしまう。労働者個人による生産能力はいまや完全に剝奪されてしまっている。

たとえば、中世の自営農民であれば素朴な生活であったとはいえ必要なものの大半を自分やその家族の手で生産し、生きていくことができただろう。これにたいし、現代の私たちは自分やその家族だけでは必要なものをほとんど生産することができない。

私たちは、毎日使っているパソコンもテレビも冷蔵庫も自分たちでは作ることができない。たんに貨幣がなく原料や労働手段を手に入れることができないというだけでなく、そもそも作り方を知らないのである。

生産手段を貨幣の力によって所有するだけでは、資本による賃労働者の支配はまだ確固たるものではない。なぜなら、じっさいの生産過程において生産手段を扱うのは賃労働者であり、賃労働者が生産にかんする知や技術を持っているうちは生産過程を資本の思うようにコントロールし、支配することはできないからだ。それゆえ、資本は賃労働者から生産にかんする知や技術を奪い取ることによって、はじめて資本による賃労働の支配を現実たらしめることができるのである。このように、資本がたんに形態的にだけではなく、実質的に労働を包摂することを**資本のもとへの労働の実質的包摂**という。

テクノロジーによる生産は技術教育・職業教育を生み出す

大工業においては、このような労働者からの生産能力の剝奪を可能にするための知の様式が生み出される。それこそが**テクノロジー**（科学技術）にほかならない。

近代以前においては生産にかんする知識や技術はその生業を営む一部の人に独占されていた。つまり、秘伝技を世襲で伝えていたギルドに典型的なように、生産にかんする知は特定の人格と結びつけられていた。それは、一方では生産にかんする知が一部の人に独占され、社会から隠されることを意味したが、他方では生産にかんする知が労働者から離れ、労働者に敵対することのないように制御していたことを意味した。たとえば、ギルドの職人たちは、抜け駆けして新たな生産方法を導入することを禁止し、自分たちの生活を不安定にするような競争が起こることを防いでいた。

ところが、大工業はテクノロジーという新しい知の様式を生み出し、生産にかんする知と労働者との結びつきを切断する。大工業においてはこれまで労働者が持っていた知識や技術が労働者から切り離され、テクノロジーという近代科学として体系化されるのである。そして、テクノロジーはじっさいの生産者のことを考慮することなく、生産方法を変革し、むしろこの新しい生産方法に生産者の行為を適応させようとする。ここから、生産者のことを考慮することなく、生産効率の上昇を追求することのみを「合理的」だとする非合理的な考え方がうまれてくる。

だが、大工業は労働者を知識や技術から切り離そうとするだけではない。大工業はテクノロジーによる生産方法の絶えざる変革を特徴とするのだから、絶えず変化する生産方法に対応することができる、より一般的な知識や技術を持つ労働者を必要とする。それゆえ、国家によって技術教育や職業教育がおこなわれるようになる。

しかし、資本主義社会においては公教育による技術教育および職業教育はきわめて不十分にしか実現されない。なぜなら、資本主義的生産は労働者を従属させることによってのみ成り立つのであり、労働者にたいして全面的な生産能力を与えることはできないからだ。

それゆえ、資本は活路を相対的過剰人口に求める。一方では、個々の労働者から徹底的に生産能力を奪い、古い分業に縛り付けながら、他方では不必要になった労働者を容赦なく解雇し、新たな労働者を相対的過剰人口のなかから雇い入れる。このようにして、資本は大工業による生産方法の絶えざる変革に対応しようとするのである。

だが、それにもかかわらず、マルクスは、**大工業が要求する職業教育および技術教育は社会変革の酵素になる**と考えていた。なぜなら、それはいかに不十分であれ、徹底的に生産能力を奪われた賃労働者たちがふたたび知識や技術を取り戻すための拠点になりうるからだ。つまり、マルクスは労働者たちの社会的および政治的力量の増大とともに職業教育および技術教育を充実させることによって、労働者の側に知を取り戻し、資本のもとへの労働の実質的包摂に対抗していくことができると考えたのである。

資本による生産力上昇は物質代謝を攪乱し、生産力の発展を妨げる

資本による生産方法の変革は労働者だけではなく、自然環境にたいしても非常に大

きな影響を与えるようになる。

資本は、賃労働者の再生産を顧慮することなく、労働日を延長しようとするように、自然環境の再生産を顧慮することなく、自然力を使い尽くそうとする。つまり、資本にとって自然は、労働力と同じように、価値増殖の手段であるにすぎない。それゆえ、人間と自然とのあいだの物質代謝は攪乱《かくらん》されてしまう。たとえば、資本が農業を営む場合、当面のあいだの生産力を上げ、剰余価値を増大させることが重要なのであって、長期的に人間と自然との物質代謝をどのように維持していくかということには関心をもたない。その結果、物質代謝を考慮しない酷使により、土地は疲弊してしまい、肥沃度を持続的に維持することができなくなってしまう。

資本は、過剰労働による労働者の寿命の短縮にコストを払う必要がないように、自然の利用による環境破壊にたいしてコストを払う必要がない。資本とは自己増殖する価値にほかならないが、価値は直接の生産に必要とされた抽象的人間的労働の対象化であるにすぎず、人間と自然の物質代謝の一側面しか反映していないからだ。たとえば、資本は、生産力を高めるために化学装置を導入する場合、この化学装置の生産に必要とされた抽象的人間的労働にたいしてはコストを負担するが、化学装置による自然力の利用の結果として生み出された環境破壊にたいしてはコストを負担する必要がない。

したがって、資本は自然力を最大限利用しようとするだけであり、それらの再生産にはなんの顧慮も払わない。それはやがて自然力や労働力を使い潰し、資本どころか、人間自身の存在すらも脅かさずにはいないだろう。にもかかわらず、絶えざる競争にさらされている資本家たちは、この環境破壊を自分たちの手では止めることができないのである。

資本は生産方法を変革することをつうじて、資本にとってふさわしい生産手段として自動機械体系を作り出し、他方で資本にとって都合のよい従属的で規律化された賃労働者を生み出した。資本は生産過程を自分に適合するように作り替えたのである。ところが、資本はまさにこのような試みにおいて深刻な困難に直面する。資本による剰余価値生産だけを目的とした生産力上昇は、人間と自然との物質代謝を攪乱し、資本主義社会、ひいては人類の存在すら脅かすようになる。資本は自分に似せて世界を作り替えることによって危機に陥るのである。

このように考えてくると、資本主義による生産力の発展はあるところまで達すると限界にぶつかることがわかる。マルクスは『資本論』のなかで次のように書いている。

資本主義的生産様式は「人間と自然との物質代謝を攪乱し、都市労働者の肉体的健康と農村労働者の精神生活を破壊すると」同時に、この物質代謝のたんに自然発生的な状態を破壊することをつうじて、その物質代謝を社会的生産の規則的法則として、また十分な人間的発展に適合した形態において、体系的に再建することを強制する。（第一巻、八六四頁）

第1章でみたように、マルクスは労働を人間と自然との物質代謝を意識的に媒介し、規制し、制御する行為として定義している。だとするなら、生産力とは、人間の労働によっておこなわれる生産の力を意味するのだから、人間と自然との物質代謝を規制し制御する能力のことにほかならない。したがって、厳密にいえば、生産力の発展は、たんに生産効率を高めるためのテクノロジーの発展と同義ではない。いくら生産テクノロジーが発展したとしても、それが現在の人間と自然との物質代謝を攪乱しているのだとしたら、生産力の発展とはいえないからだ。マルクスは価値増殖を最優先する資本主義的生産関係のもとでは、人間と自然との持続可能な物質代謝を可能にする生産力を実現することができないということを問題としたのである。だからこそ、資本主義は変革されなければならないし、むしろ、変革されなければ自然も人間も破壊されてしまい、生きていくことはできないという意味で、人間たちはその変革を強制される。これがマルクスにとってもっとも根本的な変革の根拠だったのである。

［コラム］技術進歩と労働時間

著名な経済学者であるケインズは、一九三〇年に書いた論文のなかで、「我々の孫の世代」には技術進歩のおかげでわれわれは週一五時間だけ働くようになっているであろうと予言した。だが、この予言は見事に外れた。ケインズは、技術進歩と資本主義の関係を正しく理解していなかったのである。

これにたいしマルクスは、本章でみたように、資本主義社会においては技術進歩がけっして労働時間の短縮をもたらすものではないこと、それどころか労働時間を延長する傾向すらあることを見抜いていた。

たしかに、技術進歩はモノの生産に要する労働時間を短くする。しかし、剰余価値の獲得を目的とする資本主義的生産においては、技術進歩による生産時間短縮は、それぞれの労働者の労働時間を短くするために利用されることはない。むしろ、資本主義社会においては、技術進歩による生産時間短縮の効果は、労働者を解雇し、コストを削減するために利用されるのである。

もちろん、雇用している労働者が技術進歩にともない、相対的に減少することは、資本にとっては剰余価値を獲得する手段を失っていくということである。にもかかわらず、それぞれの資本は、ほかの資本との競争に打ち勝ち、生き残るには労働者の削減を進めざるをえない。資本主義的生産につきまとう、この内在的矛盾もまた、それぞれの労働者の労働時間を最大限延長しようとする傾向をもたらすのである。

第7章　賃労働と所有

交換価値が生産システム全体の客観的基礎であるという前提はそもそもはじめから個人にたいする強制をうちに含んでいる……。個人は交換価値を生産するものとしてかろうじて生存するのであり、したがって彼の自然的存在の全体的否定がすでにそこに含まれている。

（『経済学批判要綱』）

本章では、所有について考える。資本主義社会においては所有のあり方がそれまでの社会とはまったく違うものになり、そのことが私たちの日常生活に多大な影響を及ぼしている。以下では、まず近代的所有の特異性について確認したうえで、それが賃労働にどのように影響しているかをみることにしよう。

近代的所有は物象の力に依存することによってのみ成立する

所有とはなんだろうか。

所有は持っていることと同じではない。たとえば、あなたがオフィスで毎日同じデスクを使っているとしても、あなたがこのデスクを所有しているとはいわないだろう。あるいは、あなたが隣に座っている人から黙ってペンを取り上げたとしても、あなたがこのペンを所有していることにはならない。

なぜだろうか。それは、持っていることを他人から承認されていないからだ。持っていることを他人から認められて、はじめてそれは所有となるのである。つまり、**所有とは承認された占有にほかならない**。

とはいえ、所有を成り立たせる承認のあり方はいつの時代も同じであったわけではない。全面的な商品生産関係が成り立っていない社会では、所有は基本的に人格的関係にもとづいていた。たとえば、封建領主の土地の所有権は彼の封建領主としての身分にもとづいていたし、ギルドの親方の生産用具の所有権は彼の親方としての地位にもとづいていた。あるいは、もっと古い共同体社会では、人々は共同体の一員であることによって所有を認められていた。古代ローマの市民は、彼がローマの共同体に属しているがゆえに、ローマの土地の私的所有を認められていたのである。

ところが、物象化された社会においては、所有はまったく異なる原理で成り立つようになる。そこでは、商品や貨幣という物象の力が所有を成り立たせるのである。私的生産者が交換をつうじて貨幣を所有することができたのは彼の生産物が価値を持っていたからであり、その商品の買い手がそれを所有することができたのは彼が貨幣を持っていたからにすぎない。

商品生産関係においては、人々は私的個人としてバラバラになっており、互いに人格的なつながりを持っていない。社会的な関係を取り結ぶ力を持つのは、むしろ商品や貨幣という物象である。それゆえ、人々は物象の力に依存して互いを所有者として承認するようになるのである。商品生産関係においては、承認という人格的行為によって成立する所有は、逆説的にも物象の力に依存してしか成立しえない、ということになる。

とはいえ、この承認はあくまで商品や貨幣の持ち主の自由意志にもとづく相互承認というかたちでおこなわれるのだから、正当なものとして通用する。たとえば、商品の売り手がまったく知らない人だとしても私が貨幣を支払いさえすれば、売り手はその商品にたいする私の所有権を認めるだろう。また、この所有権は社会的にも正当なものだと認められるだろう。逆に、市場においては、その人がどんなに貧しく苦しんでいたとしても、その人がなんらかの商品を売り、貨幣を手に入れ、支払うことをしなければ、その人は商品にたいする所有権を認められないだろう。さらに、社会的にもその人が商品を手に入れることができなかったことは、好ましくないことだとしても、正当なことだとされるだろう。

それゆえ、**商品生産関係が全面化した社会においては、物象の力にもとづく相互承認が所有の正当性の社会的基準となる。**ここからさらに、市場において人は商品や貨幣の所持者として自由に振る舞い、自由意志にもとづいて契約を取り結ぶのだから、市場での競争こそが自由であり、平等であり、そこで認められた所有こそが正当だという観念が生まれてくる。逆に言えば、市場の競争を媒介しない所有は不正だという観念が生まれるのである。

現在の日本における社会保障や公務員にたいするバッシングや自己責任論は、このような物象化された正当性の観念に依拠しているといえるだろう。前者は市場の競争を媒介しない所有にたいする非難であり、後者は市場の競争を媒介した無所有の正当化である。

このように、もっぱら物象の力によって承認され、正当性が確保される所有のことを**近代的所有**と呼ぶことにしよう。

近代的所有権は他人労働を取得する権利になる

物象の力にもとづく所有権は、資本主義的生産関係において、他人労働を取得する権利に転化する。というのも、物象の所持者が互いの物象を欲し、売買の契約を取り結ぶ場合には、物象の等価性しか問題にならないからだ。

いま、労働力を欲する資本家と、生きていくための貨幣を欲する賃労働者がいるとしよう。資本家と賃労働者は互いの欲求にしたがって交換関係に入る。たとえば、一日の労働力の価値が一万円という価格で表現されるとすれば、資本家は一万円の貨幣を支払い、労働力を買い、労働者は労働力を売り、一万円を受け取る。この場合、両者は互いに自分の意志にもとづいて交換をおこない、しかも等しい価値を持つ物象どうしを交換した。それゆえ、物象にもとづく近代的所有の原理にしたがえば、完全に正当である。

しかし、その結果はどうだろうか。資本家は賃労働者から買った労働力を消費し、一日分の労働の成果を手に入れることができた。労働力が一日に生み出すことのできる価値の貨幣表現が二万円だとすると、かれはいまや二万円分の価値をもつ生産物を手中にしている。これを市場で売ることができれば彼は二万円の貨幣を手に入れることができるだろう。他方、賃労働者は一万円で生活に必要な商品を買い、消費してしまうのであり、彼の手元にはなにも残らない。だから、彼は明日もまた無所有者として労働力を売らなければならない。

市場における資本家と賃労働者の交換は、たしかに自由意志にもとづく等価交換であった。しかし、その結果は平等ではない。資本家は一万円の貨幣によって二万円分の価値に表される労働を取得することができた。つまり、資本家は新たに一万円分の価値を手に入れることができた。他方、賃労働者は労働力を売って手に入れた一万円で生活に必要な物資を買い、それを生きるために消費してしまう。彼の手元にはなにも残らず、彼の労働の成果は資本家のものになってしまっている。

どうしてこのようなことが可能なのだろうか。それは、近代的所有が物象の力によって成り立っているからにほかならない。所有している商品の使用によってどのような結果がもたらされようと、その所有が相互の意志による等価交換にもとづくものであるかぎり、それは正当なものだとされるのである。それゆえ、資本家と賃労働者の等価交換においては、近代的所有権は他人労働を取得する権利へと転化してしまう。

つまり、**物象化された関係が必然的に生み出す近代的所有の原則に従うかぎり、資本家はなんの正当性も失うことなく他人労働を搾取し、取得することが可能なのである。**

さらに、このような他人労働を取得する権利は、所有は労働にもとづくものだという観念によって補完される。先にみたように、近代的所有は所有の正当性を市場の自由競争に求める観念を生み出すが、この観念が労働と結びつけられるのである。

現実には、市場における所有権は物象にもとづいているのであり、労働にもとづいているのではない。しかし、自由競争のなかで商品を売って貨幣を手に入れなければならないという市場の構造じたいが、なんらかの「努力の結果」としての所有という観念を生み出し、この努力が「労働」として表象されるのである。この観念はたんなる資本運用までも「労働」とみなす表象を生み出し、それによって資本家による所有の正当性を補完する。

一方で、この観念は人々に賃労働を強制する圧力を生み出す。というのも、この観念においては、所有は「労働」の結果でなければ不正だとされるからである。このような圧力は、とりわけ一定の社会保障が完備された資本主義社会において、公的扶助をうけることがなにか不当であるかのような考え方が社会的に生み出され、扶助対象者にスティグマを与えていることにみることができるだろう。

こうして社会的所有は、「市場における自由競争をつうじて貨幣を手に入れることが労働である」という観念を生み出すことによって、一方では資本家の他人労働を取得する権利を補強し、他方では無所有者を賃労働へと駆り立てるのである。

近代的所有権は他人労働によって他人労働を取得する権利に転化する

近代的所有は、それが物象の力に依存するものであるがゆえに、他人労働を取得する権利へと転化することができる。だが、それだけではない。資本がおこなう生産活動を再生産過程として、すなわち生産がたえず繰り返されるプロセスとして見るならば、そこでは資本の人格的担い手である資本家と労働力商品の担い手である賃労働者も再生産されていることがわかる。この再生産過程において近代的所有権も新たな性格を帯びるようになるのである。このことを詳しくみてみよう。

まず、賃労働者の側から考えてみよう。賃労働者は労働力しか売るものを持っていないから、労働力を売り、賃金を手に入れる。しかし、この賃金は労働力の再生産費にほかならないのだから、賃労働者の生活手段に消尽されてしまう。だから、賃労働者はふたたび労働力を売り、賃金を手に入れるほかない。こうして、無所有者としての賃労働者が再生産される。

次に資本家の側をみよう。資本家は生産手段と労働力を購買し、労働力を消費することによって剰余価値を手に入れることができる。資本家も労働者と同じように人間であり、生活手段を手に入れ消費しなければ生きていくことができないから、この剰余価値の一部を自分の消費のために使わざるをえない。他方、資本家は資本の人格的担い手であり、たえずほかの資本家との競争にさらされており、使用することのできる資本の量を拡大し、競争に打ち勝たなければならない。それゆえ、資本家は剰余価値の残りの部分を資本としてもちいる。このように剰余価値を資本に転化することを**資本蓄積**という。以下では話を簡単にするために、資本家が剰余価値をもっぱら個人的に消費する場合と、もっぱら資本蓄積する場合の二つにわけて考えることにしたい。

まず、資本家が剰余価値をすべて個人的に消費する場合を考えてみよう。資本家は一〇〇〇万円の資金を持っており、これを一年間投資することによって二〇〇万円分の剰余価値を獲得できるとする。そうすると、資本家は一〇〇〇万円の資本を投資することにより、毎年二〇〇万円の収入を得ることができる。資本家が生きていくためにちょうど二〇〇万円が必要だとすれば、資本家ははじめに持っていた一〇〇〇万円を消費に回すことなく、それを資本として用いることによって生きていくことができる。こうして資本家は資本の人格的担い手として自分を再生産することができる。

彼がもしこの一〇〇〇万円を資本として用いず、消費してしまったらどうなっただろうか。資本家が生きていくためには毎年二〇〇万円が必要なのだから、彼は一〇〇〇万円を五年で使い尽くしてしまっただろう。だから、彼は一〇〇〇万円を資本として用いることにより、たんに毎年二〇〇万円の収入をえることができたというだけではない。彼は自分の生活を剰余価値で賄うことによって、一〇〇〇万円を資本として維持したのである。言い換えれば、一〇〇〇万円を維持するには、それを資本として使用し、他人労働を取得することによって資本家を再生産しなければならない。つまり、たとえ資本蓄積をまったくしないとしても、一〇〇〇万円の資本は他人労働の取得の結果としてしか存在しえない。

次に、資本家が剰余価値をすべて資本蓄積にまわす場合を考えよう。

剰余価値を消費する場合と同じ想定で考えると、資本家は一年目に一〇〇〇万円を投資し、二〇〇万円の剰余価値を取得する。二年目には、一年目の剰余価値分もあわせた一二〇〇万円を投下し、二四〇万円の剰余価値を取得する。三年目には、一四四〇万円を投下し、二八八万円の剰余価値を取得し、四年目には、一七二八万円を投資し、三四五万六〇〇〇円の剰余価値を得る。

こうして、資本家は五年目のはじめには、もともと持っていた一〇〇〇万円にくわえ、一〇七三万六〇〇〇円を資本として用いることができるようになる。資本家はただ資本を再生産しただけでなく、より大きな規模で再生産したのである。

しかも、このとき、もともと持っていた一〇〇〇万円の出所を問わないにしても、少なくとも一〇七三万六〇〇〇円にかんしては剰余価値のかたまりであることは明らかである。資本家がこの部分を資本に再転化するならば、新たに二一四万七二〇〇円の剰余価値を得ることができる。このように、資本蓄積を考慮に入れることによって、**物象の等価交換にもとづく近代的所有が、他人の剰余労働によって他人の剰余労働を取得する権利に転化する**ことが明らかになる。

以上にみてきたように、資本主義的生産関係は、近代的所有の原理をつうじて――より根本的には賃労働者たちがこの原理にしたがって賃労働することによって――資本とその人格的担い手たる資本家、そして労働力商品の人格的担い手である賃労働者を再生産し、資本主義的生産関係そのものを再生産する。しかも、近代的所有は他人労働によって他人労働を取得する権利へと転化し、資本はますます大きな規模で再生産されるのである。

物象化された社会においては本源的所有は不可能である

近代的所有は資本家が他人労働の搾取を正当なものとしておこなうことを可能にするだけではない。それは前近代とは異質な貧困を生み出し、それを正当化する。

みてきたように、物象化された社会では、物象の力によってのみ経済的関係を取り結ぶことができるのであり、人々は物象の力にもとづいて互いを所有者として承認するようになる。逆に言えば、市場における商品の売買の関係をつうじてしか所有が認められなくなるということだ。だから、ここでは人々が本源的に所有者であることは不可能になってしまう。

これは、近代以前の所有のあり方とはまったく異なるものだ。それゆえ、近代以前の所有はいずれも人格的関係にもとづいて成り立っていたからである。近代以前の社会では、人々はなんらかの仕方で本源的に所有者であった。

文明の初期にみられた原初的な共同体においては、人々ははじめから土地の所有者であった。つまり、人々は生まれながらにして共同体のメンバーであり、この人格的紐帯《ちゅうたい》にもとづいてはじめから土地にたいしてそれを自分の所有物とするようにして関わることができた。つまり、人々は共同体が認めるかぎりにおいて本源的に所有者でありえたのである。たとえば、古代のローマ人は彼が国家共同体に所属しているかぎりで、土地の私的所有を本源的に認められていた。

とはいえ、人格的関係にもとづく共同体社会は、歴史とともに、奴隷制や農奴制を生み出した。奴隷や農奴は本源的な所有を認められていなかったのではないかと考える人もいるかもしれない。しかし、小経営奴隷や農奴は、たとえ従属的で不自由な立場に置かれていたとしても、人格的関係のなかに組み込まれており、生産手段の使用権を事実上認められていた。また、小経営奴隷以外の古代の奴隷も、家畜と同じように生産手段と同列の所有物として扱われたがゆえに、生産手段から分離されておらず、生活手段の取得を保証されていた。それゆえ、彼らは既存の支配従属関係に縛り付けられ、搾取されていたが、そのかわり市場で商品を売らなくとも生きていくことができたのである。その意味では、彼らもまだ生産手段や生活手段の本源的な所有から完全に切り離されてはおらず、生存は保証されていた。

ところが、近代においては本源的に所有者であることは不可能になる。[23] 物象を介して契約を結ぶことによってしか、所有者たることはできない。しかも、商品交換が実際に成立するかどうかはつねに偶然にゆだねられている。商品が売れるかどうか、売れたとしてもそれが適切な価格であるかは市場に出してみなければわからない。また、必要な物を買おうとしてもそれが購買可能な価格で市場にあるとはかぎらない。それゆえ、市場が全面化している資本主義社会においては、人々の生存じたいが偶然にゆだねられることになる。にもかかわらず、物象にもとづく近代的所有を正当なものとして受け入れるかぎり、このような事態は不正だとはされないのである。

この矛盾は、賃労働者において集中的に現れる。賃労働者は、もはや前近代の奴隷や農奴とは異なり、土地や生産手段から引きはがされている。文字どおりの無所有である。前近代の奴隷や農奴は、法的な所有者ではなくとも、土地や生産手段の事実上の所有者ではあることは可能であった。しかし、近代的所有においては物象の力によってのみ所有が認められるので、所有は排他的性格を帯び、生産手段はそれを買った資本家が排他的に所有するものとなる。生産手段の実際の使用者である賃労働者が事実上の所有者であることは不可能になる。

もちろん、賃労働者は労働力の販売に成功すれば、賃金を手に入れることができるが、彼はそれを労働力の再生産に必要な生活手段を買うために使い尽くしてしまう。しかも、資本主義の発展とともに彼の生産能力が技術的にも奪われてしまうことは前章でみたとおりだ。だから彼が生きていこうとすれば、自分の労働力をたえず商品として売りに出すしかない。しかし、この労働力という商品が売れるかどうかも偶然にゆだねられているのである。

「いや、努力すればかならず就職できるはずだ」と思う人もいるかもしれない。だが、個々人がどんなに努力をしようとも、市場の影響を受けることは避けられない。たとえば、個々人の努力いかんにかかわらず、バブル時代と現在とでは就職をめぐる状況はまったく違う。あるいは、自分たちの日常の労働とはまったく関係ない「リーマン

23　もちろん、資本主義社会でも親族の遺産を受け取ることはできる。しかし、それはただ物象の担い手としての権利を親族から継承するというだけであって、本源的所有があることにはならない。じっさい、彼は受け取った遺産を誤って運用し、失ってしまえば、たんなる無所有者になる。

ショック」によって多くの人が失業したことを考えてみてもよいだろう。

したがって、賃労働者は資本主義社会においてきわめて不安定な生活を強いられる。賃労働者は労働によって社会的富を産出しているにもかかわらず、無所有者として生き続けなければならず、ひとたび労働力を販売することに失敗すれば生きる糧を失い、自分が住む場所さえ失ってしまう。しかも、これはけっして例外的な事態ではない。近代的所有の原理が貫徹する資本主義社会では、賃労働者が無所有者として生きなければならないことは不正だとはされないからだ。むしろ、それは喜ぶべき「自由」として観念されることすらある。

マルクスは労働する個人が生産手段から引きはがされ、無所有者として生きることを強制されることを「**絶対的貧困**」と呼んだ。資本主義社会においては、たんに量的な貧富の格差が存在するというだけでなく、物象化にもとづく質的な貧困がつねに存在するのである。「絶対的貧困」のもとで生き続けなければならない労働者、すなわち**労働する無所有者＝ワーキングプア**は、資本主義社会独自の産物である。

資本主義社会では物象の力が剰余労働を自発的におこなうように強制する

無所有者である賃労働者は労働力を販売することを強制されているにもかかわらず、彼がそれを実際に販売できるかどうかはつねに市場の偶然性に左右される。自分の労働力は販売できないかもしれないし、いったん販売することに成功したとしても、解雇されてしまうかもしれない。だから、彼は資本家に労働力を売るために懸命に努力しなければならない。

たとえば、賃労働者は就職することがむずかしければ、低賃金、長時間労働という劣悪な労働条件でも受け入れざるをえないだろう。また、就職した後も、解雇されないように一生懸命働き続けることを強制されるだろう。

つまり、**資本主義社会においては、逆説的にも、労働者は自ら資本に搾取されるために懸命に努力しなければならない**のである。

このようなことは奴隷制や農奴制ではありえなかった。奴隷や農奴は自由ではなかったが生存は保証されていた。それゆえ、彼らは奴隷主や領主の人格的権威や暴力によって強制され、やむをえず剰余労働をおこなうにすぎない。だが、賃労働者はまったく違う境遇におかれている。彼は、奴隷や農奴と異なり「自由」ではあるが、無所有であり、たえず自分の労働力を販売することなしには生きていくことができない。それゆえ、彼は自分の「自由」な意志で、自発的に剰余労働をおこなうのである。マルクスはこの事情を次のように鮮やかに描き出している。

奴隷はただ外的な恐怖に駆られて労働するだけで、彼の存在（彼に属してはいないが、保証されてはいる）のために労働するのではない。これにたいして、自由な労働者は自分の必要に駆られて労働する。自由な自己決定、すなわち自由の意識（またはむしろ表象）やそれと結びついている責任の感情（意識）は、自由な労働者を奴隷よりもはるかにすぐれた労働者にする。なぜなら、彼はどの商品の売り手もそうであるように、彼の提供する商品に責任を負っており、また、同種の商品の他の販売者によって打ち負かされないようにするためには、一定の品質で商品を提供しなければならないからである。奴隷と奴隷保有者との関係の連続性は、奴隷が直接的強制によって維持されているという関係である。これにたいして、自由な労働者は自ら関係の連続性を維持しなければならない。というのは、彼の存在も彼の家族の存在も、彼が絶えず繰り返し自分の労働能力を資本家に販売することに依存しているからである。（『直接的生産過程の諸結果』九八頁）

つまり、自由な人格であることは否定されているが、ともかくも生存が保証されている奴隷とは異なり、偶然性に左右される商品販売をつうじて絶えず自らの生存を維持しなければならない「自由な労働者」は、奴隷よりもはるかに高い強度を持って、したがってより従属的に労働しなければならないのである。

賃労働は、奴隷労働のように人格的な従属関係にもとづくのではなく、契約という物象の所持者としての対等な相互承認にもとづいている。賃労働者が自らの労働の成果を資本家が取得することを認めたのは、資本家が所持する貨幣の力によるものであって、彼が資本家に人格的に従属しているからではない。賃労働者はあくまで生活に必要な貨幣と引き替えに、自分の労働力の一定時間内での処分権を資本家に譲り渡すのである。

ところが、まさにこのような物象の力にもとづく自由で対等な取引が、賃労働者に奴隷よりも従属的な労働を「自発的」におこなうことを強制するのである。なぜなら、物象化された関係においては、生きていくためになんらかの商品を売り、貨幣を手に入れることを強制されているからだ。いつ解雇されるかわからない賃労働者は、雇用を確保するために、自由な自己決定によって、奴隷よりも従属的な労働に従事せざるをえない。賃労働者とはこのような自発的な従属を強制された存在なのである。

それゆえ、マルクスによれば、「自由な労働者」は「潜勢的な貧民」にほかならない。マルクスは、『経済学批判要綱』と呼ばれる草稿のなかで次のように述べている。

　自由な労働者という概念のなかには、すでに、彼が貧民であるということ、潜勢的な貧民であるということが含まれている。……彼が労働者として生きていくことができるのは、ただ、彼の労働能力を資本のうちの労働ファンドをなす部分と交換するかぎりでしかない。この交換そのものが、彼にとっては偶然的な、彼の有機的存在にとってはどうでもよい諸条件と結びつけられている。だから彼は、潜勢的な貧民なのである。（『資本論草稿集』第二巻、三三八頁）

市場における物象的関係は、たえず偶然的な事情、それも「リーマンショック」のように労働者本人にはまったく関わりのない事情に左右される。それゆえ、資本主義社会において人々が「自由」だと考えるものは、そのじつ、人間たちがたえず物象の力によって振り回されるということであり、無所有の賃労働者にとっては生存の可能性をたえず脅かされるということにほかならない。

相対的過剰人口は資本の賃労働にたいする支配を強化する

さらに、資本蓄積の進行にともない、相対的過剰人口がたえず生み出され、人々を賃労働に駆り立てる圧力はいっそう強まる。以下、そのプロセスについて簡単にみておこう。

資本蓄積の進行とともに資本はその構成を変化させる。まず明らかなことは、生産力の上昇によって生産手段の物量がそれを使用するための労働力の量に比して増大するということである。これに対応して、可変資本（労働力に投下される資本）にたいする不変資本（生産手段に投下される資本）の割合も増大する。もちろん、生産力の増大は、可変資本だけではなく、不変資本の価値も減少させるのだから、物量の増大とまったく同じだけ不変資本の価値の大きさが増大するわけではない。しかし、全体的な傾向としてはやはり、物量の増大に対応して不変資本の価値が増大し、可変資本にたいする不変資本の割合は増大する。このように、技術的な変化に対応して資本の価値構成が変化し、可変資本にたいする不変資本の割合が増大することを**資本の有機的構成の高度化**と呼ぶ。

まず、技術的な変化がなにもなく、資本の有機的構成の高度化なしに、資本蓄積が進んでいく場合を考えてみよう。

資本蓄積が進んでいくと、それだけ可変資本も増大する。それゆえ、労働力商品にたいする需要が増大し、労働力商品の価格、すなわち賃金が上昇する。

だが、賃金の上昇はいつまでも続かない。賃金が高くなりすぎると、投下した資本にみあう十分な剰余価値を獲得することができなくなるからだ。それゆえ、労働力の価格がある地点に達すると、資本蓄積が衰える。そうすると、労働力にたいする需要が相対的に減少し、賃金が下がる。

ここからわかるのは、資本主義的生産関係のもとでは、賃金の上昇が資本主義の存続を脅かすほどに進むことはありえない、ということだ。一般には、「経済成長すれば労働者の暮らしも良くなる」と言われるが、経済が拡大することによって雇用が拡大し賃金が上昇するという状態は一時的にしか継続しない。資本家と賃労働者の利害が対立する局面になれば、資本の都合によってリストラや賃下げがおこなわれるのだ。

資本主義的生産においては剰余価値の獲得が生産の目的であり、剰余価値を獲得することができなければ生産はおこなわれない。したがって、資本主義的生産関係においては労働力の販売はつねに剰余価値生産によって規定され、制限されている。**つまり、賃労働者が労働力を販売することができるかどうか、あるいはどのような条件で販売することができるかは、資本の蓄積運動が活発におこなわれているか、それとも停滞しているかに依存しているのである。**人間たちが自分たちに必要なものを生み出すために生産手段を消費するのではなく、資本としての生産手段が自らの価値増殖のために労働力を消費する生産関係においては、このような転倒は必然である。結局のところ、資本主義社会では、賃労働者たちの運命は資本家たちの手に握られているのだ。このような「賃金奴隷制」のもとで、賃労働者たちが本当の意味で豊かな生活を実現することは不可能である。

つぎに資本の有機的構成が高度化しつつ、資本蓄積が進んでいく場合を考えよう。資本蓄積は生産力の発展をともなうのだから、これは通常の資本蓄積のケースだといえよう。

この場合、資本蓄積とともに、不変資本にたいする可変資本の割合は減少する。資本蓄積によって増加する労働者の数は、可変資本の割合の減少によって相殺される。したがって、資本の有機的構成の高度化をともなう資本蓄積の進行においては、労働力にたいする需要は絶対的に増大することはありえても、相対的にはたえず減少していかざるをえない。資本蓄積にともなってたえず進行する、このような可変資本部分の相対的減少は、資本の価値増殖にとって余計な**相対的過剰人口**を恒常的に生み出すことになる。ここで「相対的」というのは、たんに人口が過剰だというのではなく、資本の価値増殖にとって過剰だという意味である。

すでにみたように、資本の有機的構成の高度化を考慮しないとしても、資本家と労働者の利害が対立する局面になれば、相対的過剰人口は発生する。ここではさらに、資本の有機的構成の高度化という要因が加わり、相対的過剰人口の発生が恒常化する。労働市場に追加される新たな労働人口や解雇された労働人口を、資本の有機的構成がますます高度化していく資本が吸収できなくなるからである。

以上にみてきたようなメカニズムをつうじて、資本主義社会においては、労働する意志を持っているにもかかわらず労働することができない失業者や、通常の賃金水準では働くことのできない半失業者（日本においては非正規雇用の大部分）が恒常的に発生する。これは資本主義以前の社会ではありえないことであった。

さらに、労働力の「過剰」は、労働日の延長によっても強められる。なぜなら、より少ない労働力からより多くの労働量を引き出すことが可能になるからである。

このような相対的過剰人口は、資本蓄積にとってのテコとなり、労働者にたいする資本の支配をいっそう強化する。

まず、相対的過剰人口は資本にとっての「産業予備軍」をなし、資本がさらなる資本蓄積を推し進めようとするさいに、労働力のプールとして重要な意味を持つ。産業予備軍が大量に存在すれば、資本は大規模な生産拡大を労賃の高騰をともなわずに容易におこなうことができる。

また、相対的過剰人口の存在は、賃労働者にたいする資本の立場をいっそう有利にする。なぜなら、失業している相対的過剰人口が大量に存在するということは、いま就労している労働者の競争相手が大量に存在するということにほかならないからだ。失業している人は、いま働いている労働者よりも劣悪な条件であったとしても、とにかく職に就くことを望むだろう。また、いま働いている人は、失業している人にとってかわられないように、より低い賃金で、より長い労働時間、より高い強度の労働を自発的におこなうことを強制されるだろう。こうして、労働条件は全般的に悪化し、労働者にたいする資本の支配は強化されるのである。賃金がほんらいの労働力の価値、すなわち労働力の再生産費を割り込むことが一般的になるとともに、長時間労働が蔓延する。このことは、膨大な半失業者が存在する現代日本においていわゆる「ブラック企業」が蔓延していることからも見て取れるだろう。[24]

したがって、このような資本の支配の強化に対抗するには、失業者の生活保障が決定的に重要であることがわかるだろう。じっさい、職人たちを中心とした一九世紀のクラフトユニオンは、自分たちで共済制度をつくることにより、失業者の生活保障をおこない、自分たちの労働条件の悪化を防いだのである。この機能が現代に引き継がれたのが雇用保険だということができよう。それゆえ、雇用保険が機能不全に陥っている現代日本では、賃労働者はそれだけ弱い立場におかれているのである。

24　このように、資本主義的生産関係は、資本蓄積の進行とともに、ますます賃労働者の立場を弱いものにし、労働力の価値どおりの販売すら不可能にする傾向を持っている。それゆえ、マルクスは労働者が労働力の価値どおりの賃金をうけとるには、労働組合によって労働力商品の販売を独占することが不可欠だと考えていた。じっさい、このことは現代の労働法でも資本主義社会において労働組合が必要であることの根拠になっている。

［コラム］非正規雇用と相対的過剰人口

九〇年代以降、日本型の雇用システムが崩れていくなかで、非正規雇用の若年労働者が増大した。それ以前は、アルバイト・パートなどの非正規雇用を担っていたのは学生や主婦であったが、自立的に生計を立てなければならない若年労働者たちのあいだにも非正規雇用が急速に広がっていったのである。

これらの家計自立型の非正規労働者は、資本に雇われた賃労働者であるという意味では、失業者ではない。しかし、非正規雇用で生計を立てていくことは簡単ではなく、ましてや家族を形成し、子育てをすることは非常に困難である。それゆえ、家計自立型の非正規労働者はたえず、より労働条件のよい、安定した雇用を求めている。その意味では、これらの非正規労働者は「半失業」の状態にあり、正規雇用の労働者にたいしては失業者と同じように、労働者間の競争を激しくする要因となっている。厳密にいえば、マルクスのいう「相対的過剰人口」とは「資本の中位の増殖欲求」にとって過剰な人口を意味するので、これらの「半失業者」も「相対的過剰人口」に含まれると考えて良いだろう。

かつての日本型雇用システムが解体されていくなかで、これらの膨大な非正規労働者の存在は正規労働者の労働条件をよりいっそう悪化させてきており、正規労働者のなかに非正規労働者と同じくらい悪い労働条件が蔓延する事態を生み出している。失業保障を改善し、質の悪い雇用にとびつかなくてもよいようにするとともに、職業訓練を充実させ、雇用の質を高めることは、日本社会全体の労働条件の改善にとって不可欠である。

第8章　労働の自由を目指して

この労働に対する資本家の他人所有が止揚されることができるのは、ただ、彼の所有が変革されて、自立的個別性にある個別者ではない者の所有、つまりアソーシエイトした、社会的な個人の所有としての姿態をとることによってだけである。もちろんそれと同時に、生産物が生産者の所有者なのだという物神崇拝はなくなり、資本主義的生産の内部で発展する、労働の社会的形態のすべてが、これらを歪曲して対立的に表す対立から解放される。

(『一八六一年―一八六三年草稿』)

この章では、もう一度「はじめに」でたてた問いに立ち返り、人々を賃労働に駆り立てる力について考える。そして、私たちがいかにしてその「力」から脱却して、労働の自由を獲得することができるのかを考えることにしよう。

なにが私たちを賃労働に駆り立てるのか

本書の「はじめに」で、次のような問いをたてた。現在の日本社会においては、「ブラック企業」という言葉が広く知られるほどに、若者をめぐる労働条件は厳しい。低賃金、長時間労働、不安定雇用は当たり前である。働き始めて一年もしないうちに、心身の健康を破壊され、退職する若者も後を絶たない。にもかかわらず、私たちは懸命に就職しようとする。むしろ、就職したいという願望は以前より強まってさえいる。どうして私たちは過酷な労働を自ら進んでおこなおうとするのか。

いまや、この答えは明らかであろう。前章までの考察から、私たちを賃労働へと駆り立て、それを強制する力として以下の三つを挙げることができる。

第一に、私たちに**賃労働のための規律を押しつける経済外的な強制力**である。資本主義の最初期においては、人々は土地などの生産手段を奪われたからといって容易には賃労働に従事しようとしなかった。それゆえ、賃労働を暴力的に強制する法律が必要とされた。働かない無所有者は、とらえられ、鞭打たれ、強制労働に従事させられた。賃労働を強制する法律によって、人々はそれまで歴史上存在しなかった賃労働に徐々に慣れさせられ、それを受け入れるようになっていったのである。

しかし、いまでは直接的な経済外的な強制はほとんど存在しない。[25] 資本主義的生産関係は、それが定着し、安定して再生産されるようになると、自分じしんの力によって人々に賃労働を自発的におこなうように強制することができるようになる。なぜなら、**資本主義的生産関係は物象という経済的な力によって人々を賃労働へと駆り立てることができる**からである。これが、人々を賃労働に駆り立てる第二の力である。この力はさまざまな局面で作動する。

まず、資本家の側からみれば、貨幣という物象の力によって生産手段を排他的に所有し、無所有者をたえず再生産するとともに、その無所有者の労働力を購買し、賃労働させ、その成果を取得することができる。この資本家の力は、あくまでも貨幣という物象の力にもとづいており、賃労働者を人格的に従属させることにもとづいているのではない。生産手段を排他的に所有し、無所有者を排除することは、経済外的な力によってではなく、貨幣の力によって認められている。また、資本家は、ほかの商品を買う場合とまったく同じように、賃労働者と等価交換をしているにすぎない。だから、資本家は、賃労働者の人格的再生産になんの関心もいだかずに、都合のいいように使いつぶす。そして、資本の自己増殖にとって不要になれば、いつでも賃労働者を解雇する。

賃労働者の側からみれば、物象の力は、商品を売ることなしには貨幣を手に入れることができないという近代的所有の論理によって、無所有者に労働力を販売し、賃労働することを強制する。生産手段から排除されている無所有者は、労働力を売り、貨幣を手に入れる以外に生きていく術がないからだ。しかも、労働力の売り手のあいだでの競争があるのだから、賃労働者は資本家にできるだけよい質の商品を提供できるように、懸命に努力しなければならない。つまり、彼は、資本家にできるだけ搾取されるように、自発的に努力しなければならない。このような努力を強制する労働力の売り手のあいだの競争は、生産力の発展とともに増大する相対的過剰人口によって、

25　もちろん、このことは資本主義的生産様式において経済外的な強制力がなんの意味ももたなくなるということではない。経済外的強制力は、むしろ物象の力とそれにもとづく近代的所有を保護するというきわめて重要な意味を持っている。また、公教育においては賃労働にとって必要な規律訓練が施されており、これも広い意味では経済外的強制として考えることができるだろう。

より激しいものになる。

　さらに、物象の力は、人々の正当性についての観念に働きかけることによっても、賃労働を強制する力になる。「市場における自由競争をつうじて貨幣を手に入れることが労働である」という観念を生み出し、さらにそのような労働観にもとづいて「所有は労働の結果でなければ不正だ」という観念を生み出すからである。

　しかも、労働力商品の場合は、売り手の人格と商品じたいが不可分に結びついているから、その売買は個々人の社会的承認と切り離すことができない。それゆえ、労働力が販売できないということは、その個人にたいして経済的損害だけでなく、社会的な喪失感をもたらす。近代的所有の原理は、所有という経済的承認にとどまらず、個々人の社会的承認と結びつき、個々人のアイデンティティに働きかけることによっても、賃労働を強制する力として作用するのである。

　第三に、**物象の力は、近代的所有やそこから生まれる観念によってだけではなく、生産条件を変容させることによっても、賃労働者を従属させる。**つまり、資本としての生産手段が賃労働者を従属させ、賃労働を強制する。

　価値は生産手段と労働力を購買し、労働の成果を我がものとすることをつうじて、自己増殖する価値、すなわち資本になる。資本は生産過程を価値という形態によって包摂することをつうじて成立するが、それだけでなく、この生産過程の技術的条件じたいを変革し、自分に都合のよいものにする。すなわち、資本主義的生産過程においては、生産手段が資本として主体になり、労働者はこの生産手段に消費される客体になるという転倒が現実に存在しているが、この転倒を、協業、マニファクチュアにおける分業、そして大工業における機械の利用をつうじてより実質的なものにする。賃労働者は独立の生産能力を奪われ、形態的にだけではなく、実質的にも資本に包摂され、従属させられる。それゆえ、資本主義社会のもとでは、人々は賃労働によってしか社会的生産に携わることができなくなり、賃労働の規律を内面化するようになる。

以上のように、経済外的な強制をつうじて、いったん資本主義的生産様式が定着するやいなや、物象の力こそが、無所有者を賃労働に駆り立て、それを強制するのである。

物象の力を弱め、廃絶するには私たちじしんの振る舞いの仕方を変えなければならない

では、マルクスは、私たちを賃労働に駆り立てる物象の力を廃絶し、労働の自由を実現するためになにが必要だと考えていたのだろうか。

本書でみてきたように、物象の力を生み出しているのは人間じしんの関わり、振る舞いであった。人間の労働生産物および生産手段にたいする関わり、振る舞いこそが物象の力を生み出し、この力が私たちの欲望のあり方、承認のあり方を変質させ、賃労働を強制している。賃労働という特異な振る舞いが資本をますます大きな規模で再生産し、自分たちを支配する物象の力をさらに強めている。つまり、資本主義社会においては、私たちは自分たちじしんの振る舞いが生み出した力に支配されているのである。だとすれば、この力を弱め、廃絶するには、私たちは自分たちの労働の社会的形態を変更しなければならない。なぜなら、私たちの労働生産物および生産手段にたいする関わり方、振る舞い方は、労働の社会的形態によって規定されているからである。

労働が私的労働としておこなわれるならば、私的生産者は労働生産物にたいしてそれを価値物とするようにして関わり、商品を生み出す。商品は、価値表現のために一般的等価物を必然的に生み出し、これが貨幣になる。

さらに、物象の力の強制のもとで、労働が賃労働としておこなわれるならば、賃労働者たちは生産手段にたいしてそれを資本とするようにして関わり、資本の自己増殖運動を成立させ、物象の力をますます強化する。

したがって、物象の力を弱め、廃絶するためには、人間の労働生産物と生産手段にたいする関わり、振る舞いを変更しなければならず、これを変更するためには労働の社会的形態を変えなければならない。つまり、私的労働をアソーシエイトした諸個人による労働に変え、賃労働を本源的所有が認められた生産者による労働に変えなければならない。より具体的には、労働者のアソーシエイトをつうじて生産の私的性格を克服し、労働者の側に生産的知識を取り戻し、生産手段との結びつきを回復しなければならない。

もちろん、このような労働の社会的形態の変更を「理念」として主張し、人々を啓《けい》蒙《もう》しようとしてもうまくいかないだろう。人々は、自分たちが生み出している物象の力によってたえず影響を受け、行動を制約されているのだから、労働の社会的形態を変えようという意志を持ったからといってただちに実現できるわけではないからだ。

また、政治的権力のみによって労働の社会的形態を変更しようとしても、失敗してしまうだろう。たしかに、政治的権力による経済外的強制は既存の秩序を破壊すること、たとえば人々の人格的紐帯《ちゅうたい》を破壊したり、農民を土地から引きはがしたりすることには大きな力を発揮してきたといってよい。また、それは賃労働という疎外された労働の創出にあたっても大きな役割を果たしてきた。しかし、ここで必要とされること、すなわち労働者がアソーシエイトし、生産手段との結びつきを回復するような関わりの仕方を創造的に作り上げていくということにとっては、限定的な意味しかもたないだろう。なぜならば、アソーシエイトし、生産手段にたいする自由な振る舞いを取り戻していくということは、外的な権力によって強制されておこなうものではないからだ。それは文字どおり、自由に、自発的におこなわれなければならない。

では、労働の社会的形態の変容はいかにして可能なのだろうか。

第6章でみたように、マルクスはその究極的な根拠を資本による物質代謝の攪乱《かくらん》に見出していた。資本が人間と自然との物質代謝の存続と相容れないものだとすれば、価値や資本を生み出す労働の社会的形態を変容させ、正常な物質代謝を可能にする社会を作り上げるほかない。

だが、このことは正常な物質代謝が徹底的に破壊されることによって、自動的に変革が可能になるということを意味するのではない。じっさい、長時間労働によって心身を破壊され、実質的包摂によって精神的能力を徹底的に剝奪された賃労働者は、労働できないということによって消極的に資本に抵抗することはできるが、能動的に資本に抵抗し、既存の関係を変革することはできない。また、自然環境が資本によって徹底的に破壊されてしまえば、それは長期的に修復不能になってしまうだろう。たとえば、原発事故の場合を考えてみればよい。

それゆえ、変革の究極の根拠が資本による物質代謝の攪乱にあるということは、物質代謝が破壊し尽くされるまでただ待ち続けるということを意味するのではない。資本による物質代謝の攪乱、破壊に直面した人間たち、とりわけ労働する無所有者たちが、物象の力から自分たちにとって不可欠な物質代謝を守るために抵抗せざるをえないこと、また、その抵抗をつうじて現在の物象化された関係、あるいはそれを正当化する近代的所有を不当だとする意識に到達しうるということにほかならない。

物象の力が貫徹する資本主義社会においては、物象の論理を相対化し、新しい物質代謝のあり方を目指す人間たちの意識は、たんなる啓蒙によっても、物質代謝の撹乱によってももたらされない。物質代謝の正常なあり方を守ろうとする人間たちの実践こそが、物象の力を克服しようとする新しい意識を生み出すのである。したがって、**重要なのは、理念や政治の力によっていきなり現存の諸関係を転覆しようとすることではなく、現存の資本主義社会のもとで、できるかぎり物象の力を弱め、労働の自由を実現しようとする実践に取り組み、それをつうじて資本主義を克服する新たな社会を展望すること**である。なぜなら、そのような実践によってこそ、アソーシエイトした諸個人の力量を高め、資本主義的生産様式のラディカルな変革のための条件を形成することができるからである。

労働時間を短縮する

では、そのような実践としてマルクスはどのようなことを考えていたのだろうか。マルクスは物象の力を弱め、労働の自由を拡大する可能性を三つの側面から考えている。

第一に、労働時間の規制による自由時間の拡大である。資本はいくら壊滅的な結果をもたらすことになろうとも、労働時間を最大限延長しようとする傾向に自ら歯止めをかけることはできない。だが、それによって自分の生存じたいが直接に脅かされる労働者たちは、団結して抵抗し、労働日延長に歯止めをかけ、標準労働日を作り出す。資本家階級にたいする労働者階級の階級闘争が、国家に標準労働日を確定する工場法の制定を強制するのである。労働日延長の規制は、すなわち自由時間の創造にほかならない。

これは労働者にとって、たんに精神的および肉体的欲求を満たすための、あるいは休息のための時間が確保されるというだけではない。それは、賃労働者が資本の指揮のもとに従属しなければならない時間が削減され、自由に活動するための時間や身体的・精神的余裕が増大するということでもある。もちろん、賃労働者は次の日も労働力を販売しなければならない以上、自由時間を労働力商品の再生産のために使用せざるをえない。その意味では、彼の自由時間も依然として資本の論理に包摂されている。しかし、他方では、自由時間が拡大することによって、資本への直接的従属から解き放たれ、必ずしも物象の論理に包摂されない、あるいはそれに対抗するための社会的活動に従事する可能性が生まれる。マルクスが言ったように、「余暇時間でもあれば、**高度な活動のための時間でもある自由時間は、もちろん、その持ち手をある別の主体へと転化する**」(『資本論草稿集』第二巻、五〇〇頁)のである。

また、労働時間の短縮は、相対的過剰人口を縮小し、賃労働を強制する圧力を弱めるだろう。なぜなら、賃労働者一人あたりから取得することのできる労働量が減少することを意味するからである。

すでに述べたように、マルクスは「それなしには、いっそう進んだ改革や解放の試みがすべて失敗に終わらざるをえない先決条件は、労働日の制限である」と述べ、労働時間の短縮を最重要課題に位置づけた。

生産の私的性格を弱める

第二に、物象の力を生み出す根源となっている私的労働という労働の社会的形態を変容させることである。つまり、それをアソーシエイトした諸個人による共同的労働へと置き換えていくことである。マルクスは共同的労働においてこそ、物象化を抑制し、自由が可能になることを見抜いていた。たとえば、中世のギルドでさえも、それを「『自由のないもの』と考えるとすれば、これほどあやまったことはない。……**それは文句なく、労働が社会的にも政治的にも最高の地歩を占めた時代だった**」（『資本論草稿集』第九巻、一三三頁）と高く評価している。

もちろん、共同的労働は資本主義的生産関係の内部では部分的にしか実現できない。たとえば、生産者協同組合はある意味では生産者によるアソシエーション（諸個人のアソーシエイトにもとづく結社）だということができ、マルクスも高く評価するが、それが一つの企業であり、他の資本との競争にさらされているかぎり、それは依然として私的労働にとどまっている。

しかしながら、労働者たちが生産者協同組合や労働組合の活動をつうじて結合していくことは、アソシエーションの基礎を作り出す。とりわけ、労働組合は企業を超えて職種別・産業別に組織され、労働力販売の独占を実現するがゆえに、労働力の商品としての性格を緩和させるとともに、職種的ないし産業的規制を要求し、私的労働としての性格を緩和させることのできる力を持っている[26]。

このように私的労働としての性格を弱めることは、貨幣や資本などの物象の力を弱め、物象によらない人格的な所有形態の正当性を強めるだろう。それは同時に、人々を賃労働に駆り立てる力が弱くなることを意味する。

さらに現代的な文脈では、労働者たちのアソーシエイトは、物象への依存度を引き下げるための政策を国家に要求するという意味でも大きな意味を持つ。とくに重要なのは、貨幣によらずに、生活に必要な社会的基礎サービスに無償でアクセスできるようにするということと、失業保障を充実させるということである。教育や医療、介護などの社会的基礎サービスの無償化は生活における物象への依存度をいちじるしく減少させ、物象の力を弱めるだろう。また、失業保障の充実は、就労している労働者にたいする相対的過剰人口の圧力を弱め、賃労働を強制する圧力を弱めることができる。失業保障が充実していれば、あわてて労働条件の悪い雇用にとびつく必要がなくなるからである。[27]

日本においては、この両方ともまったく実現されていないが、ヨーロッパにおいては労働組合を中心とした社会運動がこれを要求し、ある程度実現されている。

労働者の生産手段にたいする従属的な関わりを変える

第三に、労働者の生産手段にたいする従属的な関わり方を変容させていくことである。資本主義的生産においては、生産者が生産手段から引き剝がされ、生産手段が資本家によって排他的に所有されてしまっているだけではない。大工業に典型的に現れ

26　その意味では、企業別労働組合は本来の労働組合だということはできないだろう。労働組合論の詳細については木下武男『労働組合とは何か』（岩波新書）を参照されたい。

27　なお、これら施策のコストは、主として資本に負担させなければならない。なぜなら、資本は、労働力の再生産に必要な商品の価値を負担するだけで、そのほかの家事や育児などの労働力再生産に必要な労働にたいしてなんのコストも負担しないからであり、また、失業者への手当についていえば、資本はそれによって失業者を産業予備軍としていつでも利用することができるにもかかわらず、なんのコストも負担していないからである。

るように、生産手段があたかも自動装置であるかのように組織され、生産の技術的な条件じたいが労働者にたいして疎遠な、敵対的なものとなってしまっている。労働者は労働の実質においても自由を喪失し、それによってより従属的に生産手段に関わり、より強力に資本の力を生み出すことを強制されるのである。

それゆえ、このような生産手段にたいする実質的な関わり方を変容させ、自由を取り戻す試みは形態的な関わり方を変容させ、資本の力を規制していくための重要な拠点となる。**マルクスが自営農民や手工業者の小経営を「労働者自身の自由な個性の発展のための一つの必要条件」**（『資本論』第一巻、一二九八頁）**として高く評価したのも、それがまさに生産者の個性を自由に発展させるような、生産者と生産手段との結合を可能とするからにほかならない。**

賃労働においては、このような生産者と生産手段の自由な結合の可能性は剥奪されているが、部分的に取り戻すことは可能である。それは、現代では労働組合による経営権への関与というかたちで実際に実現されている。それは労働過程をより人間的なものに変容させるとともに、その生産物のあり方を、たとえば環境に与える負荷や安全性などを考慮したものへと変容させることにつながっている。これはヨーロッパでは一般的であるが、日本でも、生コンの労働組合が、シャブコンという安価だが脆《ぜい》弱《じゃく》なコンクリートを作らせないように、業界のあり方を変えていく試みをおこなっている。このような取り組みは、労働条件の改良および労働内容の充実という意味でも、環境保護や安全性の確保という意味でも、人間と自然との物質代謝のあり方を改善しうるものだろう。

また、マルクスじしんは公教育における技術教育、職業教育の充実をたいへん重視していた。技術教育、職業教育は資本主義のもとで発展する大工業が要求するものであるが、他方ではそれが資本主義的生産関係の内部にあるためにかならず不十分なものにとどまる。しかし、労働運動がこの拡充を要求し、実現することにより、いったん資本に奪われてしまった生産についての知を労働者の側に取り戻し、抵抗する力にすることができる。だからこそ、マルクスは公教育における技術教育、職業教育を「変革の酵素」と位置づけたのである。

さらに、現代的な文脈では、アソーシエイトした無所有者たちが国家に環境規制を要求し、実現させていくことも重要な意味を持つであろう。価値の論理だけにもとづいて運動する資本は、自然の利用による物質代謝の攪乱にたいしてなんのコストも負担せず、自然を価値増殖のために最大限利用しようとするだけだからである。生産の直接的規制とともに、環境税をかけるなど、資本にコストを負担させることが必要であろう。

労働の自由をこえて

誤解してはならないのは、以上に述べてきたような「制度」を実現したからといって、資本主義の矛盾を解消できるわけではない、ということである。労働者階級は「福祉国家」的ないしエコロジー的な制度を要求することによって資本主義の矛盾を抑制し、労働力商品の売り手としての生活を守ることはできるが、それはあくまでそれらの制度が資本主義の存続に寄与するかぎりのことでしかない。

しかし、それでもこのような制度に一定の意義があるのは、それらが労働者階級のアソシエーションの形成にとって積極的な意味を持つからである。じっさい、今の日本をみれば誰でもわかるように、労働者たちが長時間労働に縛り付けられ、生産的な知を徹底的に奪われて従属的に労働させられ、失業や半失業の恐怖におびえながら資本の専制に屈服しているような状態では、労働者たちがアソシエーションを形成する動きを活性化させていくことはきわめて困難である。労働者たちが闘争のなかでさまざまな権利や制度を勝ち取る経験を積むことなしには、アソシエーション運動の前進は困難であろう。

マルクスが目指したのは、以上のような取り組みをつうじてアソシエーション運動を前進させることであり、そのアソシエーションのもとで諸個人が生産手段にたいして形態的にも実質的にも自由な関わりを取り戻し、物象の力を廃絶するような社会を実現することであった。マルクスが「アソシエーション」という言葉によって示そうとした新しい社会、すなわち共産主義社会は、たんに格差が縮小されるとか、一時的に安定した生活が送れるというだけでなく、人々を賃金奴隷制から解放し、自由な労働を実現する社会でなければならなかったのである。

　だが、マルクスが目指したのは労働の自由だけではない。労働の自由とは、人間がおこなう自然との物質代謝の意識的媒介を自由におこなうことにほかならなかった。とはいえ、ここではまだ、人間の活動は一つの自然的過程として物質代謝のあり方によって制約されている。むしろ、それは制約されていなければならない。もし、その制約を無視すれば人間と自然との物質代謝は攪乱され、破壊されてしまうからだ。

　マルクスは、多くの場合、アソシエーションにもとづく新しい社会を特徴付けるために「諸個人の自由な発展」や「自由な個性の発展」という言葉を用いている。いくつか例をあげておこう。「各人の自由な発展が万人の自由な発展にとっての条件であるようなアソシエーション」（『共産党宣言』）、「共産主義社会、すなわち諸個人の独自で自由な発展がけっして空文句でない唯一の社会」（『ドイツ・イデオロギー』）、「各個人の十全で自由な発展を根本原理とするより高度な社会形態」（『資本論』第一巻）。マルクスは、資本主義のあとにくる未来社会をたんに分配の平等や権利の平等を実現する社会としてではなく、なによりも、それぞれの個人の自由な発展を可能にする社会として特徴付けたのである。この「各個人の自由な発展」は、もちろん、労働において実現されなければならないが、けっしてそれだけにとどまるものではない。労働は人間にとって不可欠な重要な活動であるが、それでもやはり人間の活動の一部をなすにすぎないからだ。

マルクスは、**資本主義のもとで発展した生産力を基礎として労働の自由を実現するならば、拡大された自由時間において労働の自由を超えた、真の自由が可能になる**と考えた。このことをマルクス自身の叙述によって確認し、本書の締めくくりとしよう。

じっさい、自由の国は、必要と外的な合目的性によって規定される労働がなくなったところで、はじめて始まる。したがって、それは、当然に、本来の物質的生産の領域の彼岸にある。未開人が、自分の欲求を満たすために、自分の生活を維持し再生産するために、自然と格闘しなければならないように、文明人もそうしなければならず、しかも、すべての社会諸形態において、ありうべきすべての生産諸様式のもとで、そうしなければならない。彼の発達とともに、彼の諸欲求も増大するのだから、この自然必然性の国は増大する。しかし、同時に、この諸欲求をみたす生産諸力も増大する。この領域における自由は、ただ、社会化した人間、アソーシエイトした人間たちが、盲目的な力としての、自分たちと自然との物質代謝によってコントロールされることをやめて、この物質代謝を合理的に規制し、自分たちの共同的なコントロールのもとにおくということ、つまり、力の最小の消費によって、自分たちの人間性にもっともふさわしくもっとも適合した諸条件のもとでこの物質代謝をおこなうということである。しかし、これはやはりまだ必然性の国である。この国のかなたで、自己目的として認められる人間の力の発展が、真の自由の国が始まるのであるが、しかし、それはただ、かの必然性の国をその基礎としてのみ開花することができるのである。労働日の短縮が土台である。

（『資本論』第三巻、一四四〇〜一四四一頁）

[コラム] 改良闘争の限界と反資本主義的想像力

物象の力を弱め、廃絶する新しい社会を形成するためには、人々の振る舞いの仕方、とりわけ労働の仕方を変えなければならない。ところが、現存した「社会主義」は、政治権力を握り、生産手段を国有化しさえすれば、資本主義を廃絶することができると考えた。だが、たんなる生産手段の国有化は資本主義の変形されたヴァージョンを生み出しただけであり、物象の力を廃絶することも、生産手段を奪われた無所有者をなくすこともできなかった。

マルクスは若い頃は、恐慌をきっかけとして共産主義革命が一挙に実現されると考えていたが、『資本論』ではもはやそのような想定はしていない。むしろ、労働日の短縮や職業教育・技術教育の充実などの改良的政策を重視している。なぜなら、それによって部分的にではあるが、物象の力を抑制し、人々の振る舞いを変えていくための条件を形成することができると考えたからである。

とはいえ、現在、福祉国家的な制度改良を実現していくことはますます困難になりつつある。というのも、西欧型の福祉国家は資本蓄積の拡大から得られた利益を労働者階級に分配することによって成立していたのだが、「先進国」経済は半世紀前から「長期停滞」に陥っているからだ。むしろ、この間進められてきたのは社会保障の削減であり、労働者階級の実質的な取り分は縮小傾向にある。労働運動やそれにもとづく制度改良要求は依然として重要であるが、それだけでアソシエーションの拡大をおこなうことはますます困難になりつつある。その意味で、現実の資本主義の動向を見定めながら、既存のイメージにとらわれず、大胆な社会変革の構想を集団的に討議していくことが重要な時代になっていると言えるだろう（社会変革の構想の一例としては斎藤幸平『人新世の「資本論」』（集英社新書）をみよ）。

キーワード

あ

アソーシエイト　自由な意志により、自発的に、人格的な結合を形成すること。またそのような自発的な人格的結合によって形成された結社のことをアソシエーションと呼ぶ。▼p.150

一般的価値形態　一つの例外を除くあらゆる商品がその例外の商品を値札に書き入れて価値を表示する価値表現のこと。▼p.97

一般的等価物　一般的価値形態において値札に書き入れられる商品のこと。この商品が金に固定化されると、貨幣になる。▼p.97

か

価格　貨幣による商品価値の表現のこと。▼p.97

価値　商品が市場での交換においてもつ交換力のこと。私的生産者たちは、有用物としてはまったく異なる労働生産物にたいして価値という共通の社会的属性を認め、この価値に自分たちの労働の抽象的人間的労働としての性格を表示し、そのことによって労働生産物どうしの関係を作り出している。それゆえ、価値は抽象的人間的労働としての労働の社会的性格が対象化されたものであり、価値とは抽象的人間的労働の対象化であるということができる。なお、生産が価値を目的としておこなわれるようになると、生産過程においても生産物や生産手段の価値が考慮されるようになる。▼p.65

価値体　その物体としての姿のままでいきなり価値として通用し、価値を体現している物のこと。値札による価値表現において、等価物と

して値札に書き入れられる側の商品が価値体となる。▼p.94

価値物　価値を持っている物のこと。▼p.65

貨幣　一般的等価物が金に固定化したもの。▼p.97

可変資本　資本のうち労働力に投下される部分のこと。▼p.132

機械　原動機、伝動機構、道具機からなる労働手段のこと。機械は、人間によって操作されるたんなる道具とはことなり、それじしんで道具を操作し、労働対象を加工する。▼p.171

協業　同じ生産過程、もしくは関連する生産過程において、多数の労働者が共通の計画のもとに協力して労働すること。▼p.165

共同労働　なんらかの共同体のメンバーとしておこなわれる労働のこと。共同体においては生産者が共同体のメンバーとして関わり合っているのだから、生産者がおこなう労働は共同労働という社会的形態を受け取る。▼p.52

近代的所有　もっぱら物象の力によってのみ成立する所有のこと。▼p.188

原料　すでに労働が加えられている労働対象のこと。たとえば、製錬によってできた金属はほかの産業にとっての原料となる。▼p.44

交換価値　値札によって表現された価値のこと。たとえば、米一〇キログラムという商品にシャツ一着という値札がつけられているのなら、この米一〇キログラムの交換価値はシャツ一着である。▼p.67

さ

市場　商品の売買がおこなわれる場のこと。

私的労働　あらかじめ存在する人格的紐帯《ちゅうたい》にもとづいてではなく、まったくバラバラに、すなわち私的におこなわれる労働のこと。資本主義社会における労働は、結果としては社会的分

業を担うにもかかわらず、直接には私的労働という形態でおこなわれている。▼p.61

資本　自己増殖する価値のこと。▼p.118

資本家　商品や貨幣と同じように、資本もまた、「売るために買う」という行為をじっさいに遂行する人格的担い手を必要とする。この資本の人格的担い手のことを資本家という。▼p.118

資本の有機的構成の高度化　技術的な変化に対応して、可変資本にたいする不変資本の割合が増大すること。▼p.203

資本主義的生産関係　賃労働者は生産手段にたいしてそれを資本とするようにして関わることによって、資本の価値増殖運動を成立させ、自分の労働に資本の機能という性格を与える。このようにして成立する生産関係のことを資本主義的生産関係という。▼p.132

資本蓄積　剰余価値を資本に転化すること。▼p.192

資本のもとへの労働の形態的包摂　資本主義的生産関係においては、労働という自分自身の人格的行為じたいが、資本の価値の力に支配され、包摂されてしまう。このような事態のことを資本のもとへの労働の形態的包摂という。▼p.135

資本のもとへの労働の実質的包摂　資本は賃労働者から生産にかんする知や技術を奪い取ることにより、はじめて資本による賃労働の支配を現実たらしめることができる。このように、資本が労働を形態的にだけではなく、実質的に包摂することを資本のもとへの労働の実質的包摂という。▼p.176

社会関係　人間たちが他の人間たちとの関わり合いをつうじて形成する関係のこと。この関係は、人間たち相互の関わり合いの仕方によって、さまざまに変化していく。▼p.49

社会的必要労働時間　ある商品の生産に実際

に費やされた労働時間ではなく、その商品の生産に社会的に必要とされる労働時間のこと。▼p.78

使用価値　物がもっている有用性のこと。文脈によっては、有用性をもつ物そのもののことを使用価値ということもある。▼p.67

商品　私的生産者たちが労働生産物をつきあわせて、社会的な関係を取り結ぶさいには、これらの労働生産物は価値という社会的力を獲得する。このようにして、価値という社会的力を持つにいたった使用対象のことを商品と呼ぶ。▼p.67

商品生産関係　私的生産者たちが商品によって関係を取り結び、社会的分業を成り立たせている生産関係のこと。▼p.67

剰余価値　剰余労働が価値として対象化されたもの。賃労働者が労働することによって生み出す価値と労働力の価値の差。▼p.124

剰余労働　労働者が必要労働をこえておこなう労働のこと。▼p.125

所有　社会的に承認された占有のこと。▼p.185

生産関係　人間の生産活動にともなって形成される社会関係のこと。生産者と他者との関わり合いの仕方が変化すれば、生産関係も変化する。▼p.50

生産手段　労働対象と労働手段のこと。▼p.45

生産力　人間が、人間と自然との物質代謝を制御する能力のこと。狭い意味では、一定の労働時間のあいだにどれほどの生産物量を生産することができるかを意味する。▼p.181

絶対的剰余価値　労働日（一日の労働時間）の延長によって生み出される剰余価値のこと。▼p.144

絶対的貧困　労働する個人が生産手段から引きはがされ、無所有者として生きることを強制されること。資本主義においては、たんに量的

な貧富の格差が存在するというだけでなく、物象化にもとづく質的な貧困がつねに存在する。▼p.198

相対的過剰人口　資本の価値増殖にとって過剰な人口のこと。いわゆる失業者。資本蓄積にともなって絶えず進行する可変資本部分の相対的減少は、資本の価値増殖にとって余計な相対的過剰人口を生み出さずにはいない。▼p.205

相対的剰余価値　生産力の全般的上昇にともなう労働力の価値の低下によって生み出される剰余価値のこと。▼p.162

疎外された労働　賃労働者は意識的に労働するにもかかわらず、その労働を自己の目的にしたがって自分の労働としておこなうことができない。このように自由が否定され、労働者にとって苦しみとして現れる労働のことを疎外された労働という。▼p.136

た

大工業　手工業的熟練にもとづくのではなく、近代科学としてのテクノロジーにもとづいて生産を編成する生産方法のこと。▼p.176

抽象的人間的労働　労働から、有用物を生産するという性格を取り除いたもの、すなわち一定の労働の支出としての労働の性格のこと。労働からその具体的な形態を取り除けば、そこに残るのはただ人間が一定の労力を費やして労働したということでしかない。このような一般的な人間労働としての労働の性格のことを、抽象的人間的労働という。▼p.74

賃労働　労働力商品の買い手である資本家がそれを消費する際に、労働力商品の売り手によっておこなわれ、資本の機能をはたす労働のこと。▼p.115, 126

テクノロジー　それまで労働者が持っていた

生産にかんする知識や技術が、労働者から切り離され、近代科学として体系化されたもの。テクノロジーはじっさいの生産者のことを考慮することなく、生産方法を変革し、むしろこの新しい生産方法に生産者の行為を適応させようとする。▼p.176

等価物　ある商品の値札に書かれている商品のこと。等価物である商品をもっていけば、値札が貼り付けられている商品をかならず手に入れることができる。それゆえ、等価物である商品は値札が貼り付けられている商品にたいして直接的交換可能性を持つ。▼p.93

特別剰余価値　じっさいに費やされた労働時間を表している個別的価値と社会的に通用する本来の価値との差によって、追加的に獲得することができる剰余価値のこと。▼p.164

は

必要労働　労働者が自分の労働力を再生産するために必要な労働のこと。▼p.125

物象　人間にかわって社会的な関係を取り結ぶ力を持つにいたった物のこと。具体的には、商品、貨幣、資本などを指す。▼p.69

物象化　人間たちが直接に社会的関係を取り結ぶのではなく、物象の力に依存することによって社会的関係を取り結び、その結果、人格と人格の関係が物象と物象の関係として現れること。人間と生産物のあいだの関係の転倒。▼p.69

物象の人格化　物象化された関係においては、人間たちは、商品や貨幣などの物象の人格的担い手としてしか互いに社会的関係を取り結ぶことができないという意味で、物象によって制約された存在である。他方で、人間たちは、物象の人格的担い手でしかないとはいえ、自分たちがもつ意志と欲望にもとづいて主体的に交換関係を取り結ぶ。このように、人間たちが物象の人格的担い手として行為する事態を、物象の人格化と呼ぶ。▼p.106

物神崇拝（フェティシズム） 価値は人間の特定の振る舞いによって労働生産物に与えられる属性であるにもかかわらず、それを労働生産物じたいの自然属性だと錯覚すること。▼p.70

不変資本 資本のうち生産手段に投下される部分のこと。▼p.132

ホモ・エコノミクス幻想 物象の人格的担い手としての「自由、平等、所有」を人間ほんらいの自由、平等、所有だと考え、このような「自由、平等、所有」を理想化する幻想のこと。▼p.107

本源的所有 共同体に属する人々が、共同体のメンバーとして、はじめから認められている所有のこと。▼p.194

ま

マニファクチュアにおける分業 同じ作業場の内部での分業のこと。▼p.168

ら

労働 人間が、人間と自然との物質代謝を自分の意識的な行為によって媒介し、規制し、制御すること。労働は、それが意識的行為であるがゆえに、自由で普遍的な性格を持つ。▼p.44

労働手段 労働対象に働きかける際に、利用する道具や機械などのこと。たとえば、狩猟の際には槍という労働手段を用いる。▼p.44

労働対象 労働するときに、人間が働きかける対象のこと。たとえば、鉱脈のなかにある鉱石は、採掘という労働にとっての労働対象である。▼p.44

労働の強度　労働の密度のこと。ある一定時間において支出される抽象的人間的労働の量が大きくなれば、労働の強度は高くなる。▼p.78

労働日　一日の労働時間のこと。

労働力　労働する能力のこと。労働力を実際に使用すると、労働がおこなわれる。▼p.112

あとがき――『資本論』をより深く学ぶために

「はじめに」でも書いたように、本書ではおもに賃労働に焦点をあてて解説していくというスタイルをとったので、『資本論』全体の内容を順序だって説明したわけではない。『資本論』の第二部、第三部についてはまったく扱わなかったし、第一部（第一巻）にかぎっても重要な概念をすべて説明することはできなかった。

そういうわけで、本書を読み終えた読者諸氏は、ぜひとも『資本論』そのものに取り組んでいただきたい。本書で得られた理解を基礎にして『資本論』に取り組むならば、一五〇年近くもまえに書かれたこの古典が現代においていかに巨大な意義を持っているかを理解することができるはずである。

とはいえ、本書で基礎部分についての理解を獲得したとしても、やはり『資本論』全体をきちんと理解することはやさしいことではない。そのさい、手引きにすることのできる本として、手前味噌にはなるが、角川選書の「シリーズ世界の思想」から刊行されている拙著『マルクス　資本論』と『マルクス　資本論第3巻』を推薦しておきたい。それぞれ第一部と第三部について、実際の『資本論』を引用しながら、できるだけわかりやすく解説したつもりである。この二冊を参考にしながら根気よく『資本論』に取り組めば、なんとか最後まで読み切ることができるはずである。ただ、第二部については『マルクス　資本論第3巻』に簡単なまとめが収録されているだけなので、この部分について詳細に検討したい方には大谷禎之介『図解　社会経済学』（桜井書店、二〇〇一年）をお薦めしたい。『資本論』研究の大家が『資本論』の全体を丁寧に解説した名著である。

また、やや専門的になるが、富塚良三・服部文男・本間要一郎編集代表『資本論体系』全一〇巻（有斐閣、一九八四－二〇〇一年）も、『資本論』の要約や重要論点の整理が収められており、発展的な学習をするさいには、役に立つだろう。

次に、『資本論』と現実の問題との関連を考えるうえで、参考になる本を紹介しておきたい。本書では入門書という性格上、深く掘り下げることはできなかったが、現実の資本主義を考えるさいには、重要となるテーマがいくつかある。

第一に、不換制の問題である。本書ではもっぱらマルクスの議論にそって説明を展開したので、不換制の問題についてはまったく論じなかった。この問題については、久留間健『貨幣・信用論と現代』（大月書店、一九九九年）と拙著『マルクス　資本論第3巻』（角川選書、二〇二四年）の第5章が参考になるだろう。

第二に、資本のもとへの労働の実質的包摂の問題である。本書では、この問題について抽象理論のレベルでは説明したが、具体的にどうやって実質的包摂が進んでいったのか、また現代ではそれがどのようにおこなわれているのか、その具体的な手法についてはあまり説明しなかった。これについては、ぜひハリー・ブレイヴァマン『労働と独占資本』（富沢賢治訳、岩波書店、一九七八年）を読んで欲しい。少し古い本だが、いまでもその精彩は失われていない。この本を読むことで、本書ではあまり触れなかった「ホワイトカラー」やサービス業の労働の問題についても理解が深まるはずである。また、IT産業などにおけるより現代的な形態については、三家本里実『AI時代の労働の自律性と資本の統制』（堀之内出版、二〇二四年）を参照してほしい。

第三に、現代の労働問題についてである。最後のコラムでも指摘したように、資本蓄積の様式の変容にともなって、労働問題のあり方もまた変化してきている。この問題に鋭く切り込んでいるのが今野晴貴『賃労働の系譜学』（青土社、二〇二一年）である。「ブラック企業」の問題を世の中に提起した著者らしく、手堅い現状分析にもとづきながら、デジタル化にともなって「封建化」しつつある資本主義のもとでの新たな労働問題とその解決について大胆な問題提起をしている刺激的な著作である。

第四に、労働組合の意義についてである。労働組合については本書ではほんのわずかしか触れなかったから、理解しづらかった読者もおられたのではないかと思う。これについては、注でも触れたように、木下武男『労働組合とは何か』（岩波新書、二〇二一年）の第三章を参照して欲しい。また、海外との比較では、田端博邦『グローバリゼーションと労働世界の変容』（旬報社、二〇〇七年）が非常に参考になる。とくにこの本で述べられているヨーロッパにおける労働運動と福祉国家の関係は、日本の現状を考えるうえでも、大きな示唆を与えてくれるだろう。

第五に、資本主義と国家および政治との関係である。本書ではほとんど触れなかったが、資本主義的生産関係は必ずそれに対応する政治機構である近代国家を持つ。『資本論』の内容をおさえたうえで、質の高い国家理論を提供してくれるのは、ヨアヒム・ヒルシュ『国家・グローバル化・帝国主義（原題『唯物論的国家理論』）』（表弘一郎・木原滋哉・中村健吾訳、ミネルヴァ書房、二〇〇七年）、隅田聡一郎『国家に抗するマルクス』（堀之内出版、二〇二三年）である。いずれも少しむずかしい本だが、じっくりと取り組めばかならず得るところがあるだろう。

第六に、現存した「社会主義社会」の問題である。コラムでも簡単に触れたように、ソ連などの現存した「社会主義」は変形した資本主義にほかならないが、このことについての詳細な説明はできなかった。この問題について概観するには、斎藤幸平『ゼロからの『資本論』』（NHK出版新書、二〇二三年）の第5章が最適であろう。さらに詳しく知りたいという方は、大谷禎之介『マルクスのアソシエーション論』（桜井書店、二〇一一年）を参照していただきたい。

新版によせて――賃金奴隷制を克服するために

筆者は本書の「はじめに」において次のように問うた。「過酷な状況であるにもかかわらず、私たちの多くは働こうとする。あるいは、これから働く予定のものは就職活動をする。むしろ、雇用条件が厳しさをますなかで、「働きたい」という願望は以前より強まっているとさえ言える。だが、考えてみれば、不思議ではないだろうか。なぜ、私たちは過酷な労働を自ら進んでおこなおうとするのか」。

この文章を書いてから一二年ほどが経つが、状況は悪化の一途を辿っているといってよい。少子高齢化が進行するなかで労働力不足が深刻な問題になっているにもかかわらず、実質賃金の低下、不安定雇用の増大、ブラック企業の蔓延など、労働者の状態の悪化を示すデータは枚挙にいとまがない。最近では、世界中に広がったインフレの波がただでさえ低下してきた実質賃金をさらに押し下げている。しかし、それでも、私たちはなお「過酷な労働を自ら進んでおこなおう」としているのだ。

生活のためにはお金を稼がなければならず、そのために働くのは当然ではないか、と思うかもしれない。あるいは、皆が働かなければ、社会は成り立たないではないか、と考える人もいるだろう。しかし、これは今の社会においてもそれほど自明なものではない。それを改めて明らかにしたのが、三年以上も続いたコロナ禍である。

欧米ではコロナ禍のもとで「大離職時代」が到来した。たとえば、米国ではコロナ発生後、辞職者数は急落したが、その後ただちに回復し、その後は月に四〇〇万人を超える歴史的な高水準を維持し続けた。通常、不況下では次の職に就けるか不透明であるため、離職率は下がる傾向にある。しかし、コロナ不況では、その逆のことが起きたのだ。この現象にたいしては、消費活動の停滞による貯蓄の増加や感染リスクの回避のためなど、さまざまな説明が与えられているが、もっとも有力なのは、コロナ禍によってそれまでは不可避だと考えられていた賃労働から遠ざかることのできる機会を与えられたことにより、それまでの働き方を見直すきっかけになった、というものであろう。これはいっけん心理的な、主観的説明にもみえるが、実際には資本主義システムの核心をつくものである。

本書の第8章で述べたように、資本主義社会において私たちを賃労働へと駆り立てる力には主に以下の三つのものがある。

第一に、私たちに賃労働のための規律を押しつける経済外的な強制力である。資本主義の最初期においては、人々は「囲い込み」などによって土地などの生産手段を奪われたからといって容易には賃労働に従事しようとせず、それゆえ賃労働を暴力的に強制する法律が必要とされたのだ。もちろん、今の日本では直接の暴力的介入は例外的なものであるが、[28]その本質的役割が教育などにおいて社会的に継承されていることを見逃してはならない。たとえば、それはかつての「管理教育」や「受験戦争」、そして現在の「お受験」や「就活」をつうじた選別と従属の内面化をみれば明らかであろう。

第二に、貨幣の力による強制である。貨幣の力が発揮されるのは市場においてなのだから、市場メカニズムによる強制といってもよい。資本主義社会においては生活必需品の大半が商品化されており、十分な資産を持つ資本家や地主以外の人々は、自らの労働力を販売し、貨幣を手に入れなければ生きていけない。しかも、労働力の売り手のあいだでの競争があり、賃労働者は資本家にできるだけよい質の商品を提供できるように、懸命に努力しなければならない。つまり、彼は、資本家にできるだけ搾取されるよう、自発的に努力しなければならないのだ。このような努力を強制する労働力の売り手のあいだの競争は、失業や半失業（通常の生活をおこなうことが困難な賃金水準での雇用。日本では非正規雇用の多くがあてはまる）が多ければ多いほど激しくなる。一九七〇年代以降（日本ではとりわけバブル崩壊以降）、経済成長にもっとも大きなインパクトをもつ製造業が低迷し、資本主義経済全般が「長期停滞」に陥った。これによって一方で大量の半失業が発生し、他方で社会保障制度がカバーする範囲が縮小し商品依存度が増大したが、このことが賃労働を強制する貨幣の力をさらに強力にしたことは明らかであろう。

第三に、生産過程の技術的変容も、賃労働者を従属させる力となる。そもそも資本が組織する生産過程はいかに大きな利潤を実現するかという価値増殖の論理に支配されているが、さらにこの「論理」に確固たる物質的な根拠をあたえるために、生産過程の技術的条件じたいを変革することによって労働者を従属させようとする。現在の社会では、多くの人々を結合することによって生産力を社会化し、また新たなテクノロジーを導入して生産力を高度化するのは、貨幣という社会的権力を手にしている資本であり、人々は資本に雇用されることによってしか高度な社会的生産に携わることができない。それゆえ、ここでは、労働者たちではなく、資本こそが生産の主体であるというような――プリウスを生産しているのはトヨタであり、そこで働いている無数の労働者たちではないかのような――関係が成立してしまう。このような転倒した関係のもとでは、テクノロジーはけっして中立的なものではない。アーロン・ベナナフが主張するように、「技術的進歩の方向性を可能なさまざまな道筋のうちから選ぶ

28　例外的とはいえ、現代日本でも賃労働を強制するさいに直接的に暴力が用いられていることは、いわゆる「ブラック企業」における事例からみてとることができる。坂倉昇平『大人のいじめ』（講談社現代新書）をみよ。

さいに、最も優先されるのは、労働過程にたいする資本の支配」なのであり、「生産ラインの労働者の力を高めるような技術の開発は追求されないが、それらの労働者への監視を強化する技術はあっという間に人気商品になっている」（拙監訳『オートメーションと労働の未来』堀之内出版）のが現状である。

もちろん、現実の労働者の支配には「労務管理」も重要な役割を果たしている。しかし、「労務管理」が資本による労働者支配の力の源泉なのではない。たとえば、いわゆる「日本型雇用」は労働力の使用について資本側に大幅な自由を認めるかわりに、長期雇用を認めさせるものであり、これが日本における長時間労働を可能にしてきたことは間違いない。だが、現実が示しているように、「日本型雇用」が解体すれば長時間労働がなくなるというわけではない。「日本型雇用」もまた、資本の権力とそれに対抗する労働運動との力関係によって形成されたものなのであり、それが資本側に有利なものだとすれば、それは労働運動の力が弱いことの反映にほかならない。「労務管理」はそのときどきの資本の力におうじて労働者支配を安定化させるための制度的調整の役割を果たすだけなのである。

さて、コロナ禍は労働者を支配し賃労働へ駆り立てようとする以上の三つの力にどのような影響を与えただろうか。まず、一点目の経済外的強制については、むしろ国家は統治のために保健衛生をある程度優先せざるをえず、ロックダウンや営業停止を実施することによって、人々を強制的に賃労働から引き離す役割を果たした。二点目の貨幣の権力についていえば、国家がロックダウンや営業停止にともなって各種の補償や補助金の給付をおこなうことによって、人々は貨幣による賃労働の強制から一時的に自由になった（もちろん、欧米と日本では補償や補助金の給付の水準がまったく異なるため、日本では一時的であれ賃労働から自由になった人々はほんの一握りであろう）。三点目の生産過程の技術的変容にかんしても、職種によってはむしろデジタルテクノロジーは人々を資本の権力が強力に作動する職場から引き離し、「労務管理」を困難にする状況を生み出した。しかも、コロナ禍は、一方では経済停滞のもとでの大規模な金融緩和によって富裕層の資産を倍増させることによって現在の資本主義の虚構性を暴き出し、他方では厳しい労働条件におかれているエッセンシャルワーカーこそが社会を運営していくうえでもっとも重要であることを浮き彫りにした。すなわち、資本こそが生産の主体であり、労働者は資本に雇われて労働する以外に道はないという観念に大きな亀裂を入れたのである。

コロナ禍において欧米で発生した「大離職」は、このような、コロナ禍を契機に発生した、賃労働を強制する力を弱める事情が相互に絡み合うことによって生じたものであろう。ここには私たちが賃労働の圧力から脱し、自由に働くための重要なヒントがある。

もちろん、これはたんにコロナ禍の場合と同様に国家の強制力によって経済的な再分配を実施すればよいということを意味しない。コロナ禍での国家介入も結局は、大資本家の資産を増大させながら、エッセンシャルワーカーの低処遇をそれじたいとして改善することはなかった(もし改善があるとすればそれはエッセンシャルワーカー自身の闘争の成果にほかならない)。たえず貨幣の力を産出し続ける資本主義システムを前提としながら、貨幣の力を抑制する政策をとることはきわめて困難である。

むしろ、重要なのはコロナ禍を契機にして人々が資本主義の空疎さに気づき、賃労働を相対化し始めているということだ。これまで私たちは、賃労働をしていきていく以外に道はない、それ以外に社会を運営していく道はない、と思い込まされてきた。つまり、「賃金奴隷制」以外の社会システムは不可能だと思い込まされてきたのだ。だが、そうではないことに人々は気づき始めている。もし人々が社会を形成する主体は資本ではなく、私たちであると考え、新たな経済システムの構築に取り組み始めるならば、資本と労働者の力関係は大きく変化するだろう。「大離職」に加わっていた人々の多くは「ジェネレーション・レフト」とも言われるミレニアル世代やZ世代であったという。気候危機やマイノリティの人権について鋭い問題意識をもつこうした若い世代は、さまざまな困難に直面しながらも、やがてポスト資本主義社会にむけての大きなうねりを生み出していくに違いない。

この新版の刊行にあたって、おもに二つの点について修正および加筆をおこなった。一つは、時代の変化にともなう記述の若干の修正である。もう一つは、初版の刊行以来の私自身の研究の進展にもとづいて、より記述を簡易化するための修正および加筆である。この新版も、初版と同じように、多くの方に読んでいただけることを期待したい。

本書はもともと一〇年以上前に執筆したものであり、私の二冊目の単著であった。それ以降、『カール・マルクス』（ちくま新書）や『マルクス 資本論』（角川選書）など、いくつかの入門書や入門的な論説を執筆してきた。それらの著作と区別される本書の特徴としては、私たちの日常と密接にかかわる「賃労働」にフォーカスした点を挙げることができるだろう。私は本書を、非正規労働者として働いてきた自分自身の経験を重ねつつ、厳しい社会状況のなかにおかれている労働者や学生たちのことを思いながら書いた。こうした方々が本書を手に取り、なにかを学び取っていただけたのなら、望外の喜びである。

二〇二四年八月

佐々木隆治

本書は、二〇一二年九月に旬報社より刊行された『私たちはなぜ働くのか　マルクスと考える資本と労働の経済学』を加筆修正のうえ、改題して文庫化したものです。

なぜ働《はたら》いても豊《ゆた》かになれないのか

マルクスと考《かんが》える資本《しほん》と労働《ろうどう》の経済学《けいざいがく》

佐々木隆治《ささきりゅうじ》

令和7年 1月25日　初版発行

発行者●山下直久

発行●株式会社KADOKAWA
〒102-8177　東京都千代田区富士見2-13-3
電話　0570-002-301（ナビダイヤル）

角川文庫 24517

印刷所●株式会社暁印刷
製本所●本間製本株式会社

表紙画●和田三造

●お問い合わせ
https://www.kadokawa.co.jp/（「お問い合わせ」へお進みください）
※内容によっては、お答えできない場合があります。
※サポートは日本国内のみとさせていただきます。
※Japanese text only

ISBN 978-4-04-400845-1　C0110

◇◇◇

角川文庫発刊に際して

角川源義

第二次世界大戦の敗北は、軍事力の敗北であった以上に、私たちの若い文化力の敗退であった。私たちの文化が戦争に対して如何に無力であり、単なるあだ花に過ぎなかったかを、私たちは身を以て体験し痛感した。西洋近代文化の摂取にとって、明治以後八十年の歳月は決して短かすぎたとは言えない。にもかかわらず、近代文化の伝統を確立し、自由な批判と柔軟な良識に富む文化層として自らを形成することに私たちは失敗して来た。そしてこれは、各層への文化の普及滲透を任務とする出版人の責任でもあった。

一九四五年以来、私たちは再び振出しに戻り、第一歩から踏み出すことを余儀なくされた。これは大きな不幸ではあるが、反面、これまでの混沌・未熟・歪曲の中にあった我が国の文化に秩序と確たる基礎を齎らすためには絶好の機会でもある。角川書店は、このような祖国の文化的危機にあたり、微力をも顧みず再建の礎石たるべき抱負と決意とをもって出発したが、ここに創立以来の念願を果すべく角川文庫を発刊する。これまで刊行されたあらゆる全集叢書文庫類の長所と短所とを検討し、古今東西の不朽の典籍を、良心的編集のもとに、廉価に、そして書架にふさわしい美本として、多くのひとびとに提供しようとする。しかし私たちは徒らに百科全書的な知識のジレッタントを作ることを目的とせず、あくまで祖国の文化に秩序と再建への道を示し、この文庫を角川書店の栄ある事業として、今後永久に継続発展せしめ、学芸と教養との殿堂として大成せんことを期したい。多くの読書子の愛情ある忠言と支持とによって、この希望と抱負とを完遂せしめられんことを願う。

一九四九年五月三日